スポーツトレーナーが指導している
これが正しい
筋力トレーニングだ！

21世紀筋力トレーニングアカデミー・著

推薦の言葉

本書をおすすめします。これこそ正しい筋力トレーニング

社団法人日本ボディビル連盟会長
玉利　齊

　私の知る限りボディビルぐらい、永年誤解と偏見に晒されてきたスポーツはない。「ボディビルで造った筋肉は見かけだけで役に立たない」に始まり、「固くて柔軟性がない」「スピードが出ない」「持久力がない」「必要な動きに対応できない」等枚挙にいとまがない。

　これ等マイナスの意見を集約すると、一つはボディビルの基本原理であるレジスタンストレーニングに対する一知半解さと、二つは目的と手段を混同してボディビルを独断的に理解している場合が多い。

　しかしながらボディビル実践者側の立場からのわかりやすく説得力のある情報の提供が不足していたことも間違いのない事実である。

　とにかく実践者はその楽しさや素晴らしさを自ら実行することに満足して客観的な説明に努めないことが往々にしてある。

　あたかも芳醇な美酒を前にした愛飲家が、その酒の成分の分析や歴史を考察するよりまず飲み干して、その味と香りに陶然と酔うことが何よりの大事とするのと同じといえるだろう。しかし第三者に正しく理解してもらい社会に広く普及するためには、その理論と効用を適確に伝達することもまた重要なことである。

　古川和正氏をリーダーとする「21世紀筋力トレーニングアカデミー」の10数年に及ぶ研究の成果の発表は、まさに医科学的視点に立った論証といえるものである。

　従来ともすれば、ボディビルは筋肉の形態面だけを追及する「見せる」スポーツとしての一面のみに限定されてきた傾向があるが、ボディビルの基本原理であるレジスタンストレーニングの応用は、スポーツは勿論、健康づくりや生活習慣病の予防等限りなく幅広い。

　本書は「動き」を重視するスポーツ競技選手が、筋力トレーニングに取り組む場合の入門書として最適であるだけでなく、ボディビルの解説書としても明快でわかりやすく、アスリートや指導者にとどまらず広くスポーツの愛好者に一読をすすめたい。

現場の視線でみた筋力トレーニングの基礎理論と実際

東京大学大学院教授
石井直方

　筋力トレーニングは，スポーツ選手の競技力向上のためばかりでなく，生活習慣病の予防や，高齢者の介護予防などの点でもきわめて有用性の高いものです。しかし，ただやみくもにバーベルやマシンを上げ下げしたのでは，期待どおりの効果を得られないばかりか，逆に障害の原因となることもあります。トレーニングを行うにあたっては，1) どのような効果があるのかを理解する，2) 目的を明確にする，3) 具体的な目標をたてる，4) 目的と目標を達成するために最適のプログラムを作る，5) 常に効果を評定しフィードバックする，などが重要になります。

本書は，これらの 1)〜5) の要素について，余すところなく，わかりやすく解説しています。特に，「動き」を改善するための筋力の重要性と，筋力強化の方法論については，多数のスポーツ選手を対象としたトレーニング実施例と，豊富な動的筋力測定のデータに基づいて詳細に述べられています。

　特筆すべきは，こうしたトレーニングの基礎理論と具体的方法が，研究者の視線ではなく，現場指導の視線で捉えられている点です。現場指導の視線から書かれた実用書には，基礎的理論が不十分であったり，誤りを含んでいたりするものもありますが，この点では本書はきわめて基礎に忠実に書かれていると思います。自らトレーニングを行っている方，行おうとしている方だけでなく，トレーニングを指導されている方にも参考にしていただければ幸いです。

はじめに
「筋力トレーニングって本当に良いものなの」という疑問に対し

　スポーツやトレーニングに関して、「能力を高めるために筋力トレーニングを取り入れることは良いことなのかどうか？」という疑問の声がたびたびあがります。

　私たちは、筋力トレーニングのトレーナーとして、現在約1万人のスポーツ選手、あるいはスポーツ愛好家の方々への指導を行っています。今までに多くの方々の筋力トレーニングのメニューを作ったり、あるいは筋力測定やその分析などを行っており、トータルで言えば10万人を遥かに超えている方々と関わりをもったということになります。そのような経験からも、やはり私たちは、「スポーツの上達のためには、筋力トレーニングを取り入れたほうが良い」と強く主張したいのです。

　「なぜ筋力トレーニングを取り入れたほうが良いのか」あるいは、「どのように筋力トレーニングを取り入れたら良いのか」ということについては、さまざまな人たちのさまざまな意見があることでしょう。しかし、まずはここでは、その点についての私たちの考えをお聞きいただきたいと思います。

　おそらく一般には、筋力トレーニングといえば、ただ単純に重い物を「上げ下げ(挙上、下降と呼びます)」するようなことを連想されがちだと思いますが、筋力トレーニングについてそれだけに留まらないあらゆる方法のご紹介などを含め、本書の前半では私たちトレーナーが、今日では一応、一般的といわれているトレーニング方法に対して、疑問や考えを現場で活用した知識を含めてさまざまに解説していきます。

　また、その中では、私たちが日ごろの研究や指導の中で導き出した3D動作解析と特殊筋力測定のデータや筋電図などもいくらかご紹介していきます。それらの客観的なデータも交えた上で、「なぜ筋力トレーニングが良いのか」「どのように筋力トレーニングを取り入れたら良いのか」ということについての明確な答えを出していければと考えています。

はじめに

　さらに本書後半では、前半の内容をさらに発展させて、実際のスポーツトレーニングに活用できるように、トレーニング動作の写真も含めてテキスト風に構成し、「現場に役立つワンランク上のトレーニング実技」の数々を記載しています。

　多くの方々が本書を通じて、これまで知らなかった筋力トレーニングの姿やそれについての事実、そしてその方法との出会いを実現していくのではないでしょうか。

　　　　　　　　　2006年5月　21世紀筋力トレーニングアカデミー

推薦の言葉／2

はじめに／4

序章：スポーツにとって筋力トレーニングが大切なワケ　9

「動作」→「運動」→「スポーツ」という図式から 10

第1章：筋力トレーニング（理論編）
これまでの筋力トレーニング「ここが間違い」
これからの筋力トレーニング「こうすれば正しい」　11

1. やってませんか？　効果のでないトレーニング 12
2. マシーントレーニングが最良とはいえない 14
3. むやみに重い重量を挙げてませんか？ 17
4. "インナーマッスル"は特殊な筋肉か？ 22
5. インナーマッスル強化の正しい方法は？ 24
6. 筋力測定でわかる最大筋力とスピードの関係 26
7. スポーツ選手の動作・スピードを速くするには 28
8. 特定の筋肉だけ鍛えても意味がない 30
9. 関節の動きと筋力の関係を知ろう 33
10. 関節可動範囲を無視して、筋トレやってませんか？ 37
11. 間違ってませんか？　トレーニングのフォームとテンポ 41
12. 筋力データで個人の筋力理想値を目指そう 45
13. 腕立て伏せとベンチプレスでは効果に違いが！ 47
14. トレーニングの順序、組み立ても大切 49
15. 本当に筋トレを限界までやっていますか？ 51

第2章：筋力トレーニング（実技編）
安全で正しい動作を目指すために
非効率で間違った動作を改善するために _____ 53

1．レジスタンストレーニングの進め方 55

（1）最大筋力（100％＝1RM）とは／55

（2）最大筋力に対する割合（％）／56

（3）限界回数＝RM／56

（4）実施上の判断回数／56

（5）主な効果＝目的／56

2．トレーニングセット実施例 59

3．超回復（休養に関して） 62

4．ストレッチング（準備運動、クールダウンとして） 63

5．トレーニングベルトとシャフトの握り方 66

（1）正しくシャフトを握ろう／66

（2）トレーニングベルトの説明／67

6．初期に導入するトレーニング種目 69

（1）スクワット／69

（2）ベンチプレス／72

（3）デッドリフト／75

（4）フロントプレス／78

（5）バーベルカール／81

（6）シットアップ／83

（7）リフトアップ／86

（8）レッグレイズ／88

（9）クランチャー／90

（10）フォワードランジ／92

（11）バックプレス／94

（12）アップライトロウイング／97

（13）ベントアームサイドレイズ／100

（14）ドンキーカーフレイズ／103

第3章：スポーツ選手の食事
トレーニング効果を得るための正しい栄養補給とは _____106

1．五大栄養素をバランス良く摂取 _____107
2．筋力アップのための栄養素、タンパク質を考える _____109
3．プロテインについて _____111
4．スポーツ選手のエネルギー摂取量の目安 _____113
5．1日の食事 _____114

参考文献／115

用語説明／116

あとがき／117

巻末資料／118

著者紹介／132

●序章
スポーツにとって筋力トレーニングが大切なワケ

「動作」→「運動」→「スポーツ」という図式から

　私たちが身体を使って動きを起こすことは、「動作」と呼ばれています。それほど意識をしなくて行う動きも、その動きに関係する身体の箇所の筋肉が動くことによって生み出されていきます。

　例えば握手することや、瞬きをすること、そして椅子に座ることなどのさまざまな動作は、その動作を起こす身体の部分の筋肉が収縮あるいは弛緩(伸びること)することによって引き起こされているのです。

　動作の中でも特に生活上の何気ない動きは「日常的動作」と呼ばれていますが、ちなみに高齢者の方にとって大切なのは、この「日常的動作」に関係する筋力であるといわれています。そして筋力とは、縮む力(筋収縮力)と伸ばされながら収縮する力(伸張性筋力)の二種類の力によって成り立っています。

　この「動作」にあきらかな目的意識を持たせ、より高度に発展させたものが「運動」です。そして、さらにそこに何らかのルールを決めて動いたり、あるいは、そのルールに則って他人と競い、勝敗を持たせたものを一般的に「スポーツ」と呼んでいます。

　このように考えていくと大変複雑な動きをするスポーツといえども、その源は、単純な筋肉の収縮や弛緩によって行われているといえるでしょう。つまり筋肉の収縮や弛緩があってはじめてスポーツは成立するといえるのです。

　また、筋力を高めることや、維持することは、競技スポーツに必要な技術的、戦術的な能力のためだけに必要なのではなく、精神的な部分にも関連すると思われます。つまり、スポーツ本来の意義である「健全なる肉体と健全なる精神の育成」ということにも関係してくるのです。

　さらに、成長期特有のオーバーユースなどによるスポーツ障害の予防や、競技中の接触や転倒などによるケガの防止、そして身体のどこかを痛めて普通にプレイできない場合のリハビリ的トレーニングなどのためにも筋力トレーニングが有効だということはかなり以前からいわれています。

　以上のようなことも大まかな理由として、私たちは、スポーツを楽しみながら実施する時に、効率的に筋力やその持久力を高めていく「筋力トレーニング」というものを行っていく必要があるのではないかと考えています。

　さて、前置きはこれくらいにして、ここから先は、具体的な現場での話や、トレーニングについて「常識」といわれていることへの疑問を交えながら、さらに詳しく、筋力トレーニングについての説明をしていきましょう。

●第一章
筋力トレーニング（理論編）

これまでの筋力トレーニング
「ここが間違い」
これからの筋力トレーニング
「こうすれば正しい」

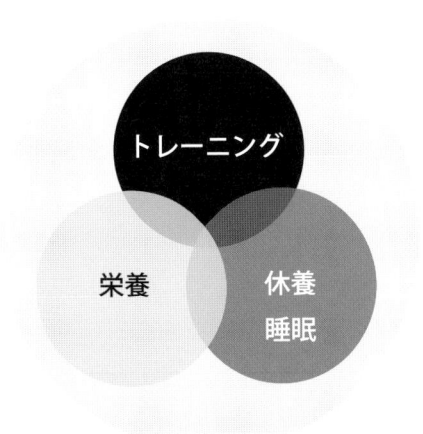

1. やってませんか？効果のでないトレーニング

「筋力トレーニングとは何か」

それはずばり現在の筋力を、効率よく短期間に高めるトレーニングのことであるといえます。

しかし、一昔前のスポーツの分野では、筋力トレーニングに対して、「動きが悪くなる」「筋肉が硬くなる」などといった誤ったイメージがあり、あまり実施されていなかったという事実がありました。それが今日では、あらゆるスポーツの分野で、それぞれ「筋トレ」、「ウエイト」、「レジスタンストレーニング」といったさまざまな呼び名で筋力トレーニングが行われるようになってきました。

それでは、それぞれの現場において、どのような目的で筋力トレーニングは実行されているのでしょうか。その主だったものと思われるものを挙げてみると以下のようになると思います。

①身体全身あるいは部分の最大筋力や筋持久力の向上
②自分の体重を負荷とした場合や、重量物を用いる場合の筋収縮スピードならびにパワーの向上
③スポーツ障害の予防（オーバーユース的な障害も含む）
④ケガをした時の早期回復と手術後のリハビリトレーニング

このうち、1、2については、パフォーマンスの向上、すなわち競技能力の向上を一番の目的として、取り入れていることが多いようです。このような目的から実施される筋力トレーニングも、それぞれに合った正しい方法で実施しなければ、効果を上げられないばかりか、肉離れを起こすことや、関節、靭帯、腱などを傷めて逆効果になる場合もあるので注意が必要です。このように正しい方法でトレーニングを行うことで最も短期間に効果が上がり、さらにはトレーニング実施中のケガを防止することにもなるのです。その点、筋力トレーニングの歴史は長いこともあり、今日では、科学的に調査、検討された多くの「正しい」トレーニング方法が確立されています。

しかしながら、トレーニングの現場において、目的に応じた正しいトレーニングが行われていないという光景を目にすることが驚くほど多いこともまた事実です。例えば、筋持久力(部分的持久力)を高めたいのにも関わらず、非常に重たいウエイトを使用して繰り返し回数の少ないトレーニングを行っていたり(このようなトレーニング方法は「低回数ＲＭ」といいます)、あるいは、最大筋力を高めたいのに、軽いウエイトを使って

繰り返し回数の多いトレーニングを行う(このようなトレーニング方法を「高回数ＲＭ」といいます)などということがあります。この場合、それぞれ「低回数ＲＭ」および「高回数ＲＭ」が目的とは逆に行われてしまっているのです。

また、最大筋力を高めていくためのトレーニングにおいて、高重量のウエイトで実施していると、筋力が高くなるにしたがって、いつまでも同じ重量のウエイトを使用していては、しだいに重量が自分にとって低負荷となり、いつの間にか、高回数の筋持久力トレーニングとなって、本来の目的を逸脱していくという現象が生まれていってしまいます。このような「重量選定という単純な間違い」が、実に多くのトレーニング現場で行われているのです。また、そのスポーツの特性や筋力発揮のパターンを無視したトレーニングが横行していることもよく見かける光景です。単純に最大筋力を高めることが目的なのでしょうか？ それとも同じ動きを多く行なっても疲れない筋持久的な要素なのでしょうか？ または、方向を変えるときに使用されるエキセントリックな受動的筋力なのでしょうか？

何の目的で実施するのかということを明確にしないでトレーニングを実施しても効果はほとんど得られないというのは当然の道理です。

「とりあえず腕立て伏せやスクワット、バーベルやマシーンを使用しているから筋トレだ！」などという単純な発想は止めるべきです。同じ時間と労力を使ってトレーニングを行うからには、正しい方法でトレーニングを実施して、効率よく効果を得たいものです。

またスポーツの練習やトレーニングを実施している現場を訪れるたびに大変多く見かけることなのですが、チーム全員が同じ重量を使用してトレーニングを行っているという現状があったりもします。全員が同じ体重・身長ということがないのと同じで、それぞれの筋力も違いがあります。

このようなトレーニングは個人の筋力レベルを無視した、まったくのナンセンスで、論外な方法なのです。

【ここで述べたいポイント】
1. スポーツの強化として行うレジスタンストレーニング(負荷トレーニング)は個人の筋力レベルに合わせて負荷(重量)を選定することで無理も無駄もなくなり、効果的になる。
2. 筋力が増えれば負荷も(重量)も増やすこと。同重量でずっと行なっていると筋力を高くする上で効率が悪くなる。
3. 「とりあえず、やれば強くなる」という考えは捨て、「正しく行なえば強くなる」という考えを持つ。

2. マシーントレーニングが最良とは言えない

　マシーン（一般的にユニットが組まれ、何種目もトレーニングができて、重さの部分が差しピンなどの調節によりワンタッチで変えられるもの）によるトレーニングとフリーウエイト（バーベル、ダンベル、鉄アレイなどの重量物を用いて行う）トレーニングとでは、筋力を向上させる上ではどちらが効果的なのでしょうか。実際はそれぞれに特徴があり、一概にどちらが良いということを判断することは難しいのですが、私たちは以下のように考えています。そういう話は、多く聞くと思います。

　まず筋力トレーニングは、機械や用具を使用して行う方法と、自己の体重やパートナーの体重を利用し、パートナーが徒手による抵抗を加えて行う方法とに大別されています。さらに、用具を使用して行う方法は、「マシーントレーニング」と「フリーウエイトトレーニング」として分類されます。一般的には、フリーウエイトトレーニングで高められた筋力は、スポーツ競技の場で使用される筋力発揮のパターンに近いため、競技力向上をねらいとした場合のトレーニング方法として適しているといわれています。

　これに対して一般的なマシーントレーニングは、固定された直線状を動作するので、バランスを取る筋肉などの動員が少なく、リハビリや高齢者などの筋力向上に適しているといえます。

　このような理由から、筋力強化運動は、フリーウエイトで行い、ケガをした当初のリハビリトレーニングは、マシーンで行う、というように実施者の状況や目的に合わせた選定をするということが効率的であるといえます。以下に、フリーウエイトトレーニングの代表的な特徴（長所、短所）を示してみます。

フリーウエイトトレーニングの長所と短所
長　　所
①どの方向にも自由に負荷（重量）が扱える。
②運動動作中、体が固定されず、バランスをとりながら実施するので、スポーツの競技中使われる筋力発揮、筋コントロールのパターンや、日常的な動作に近い動きとなる。
③負荷（重量）の小刻みな調節が可能である（最低５００ｇ）
④負荷（重量）を下降から挙上にもっていく動作（カウンタームーヴメントという）において、筋肉に適度な筋ダメージを与えるため爆発的な筋

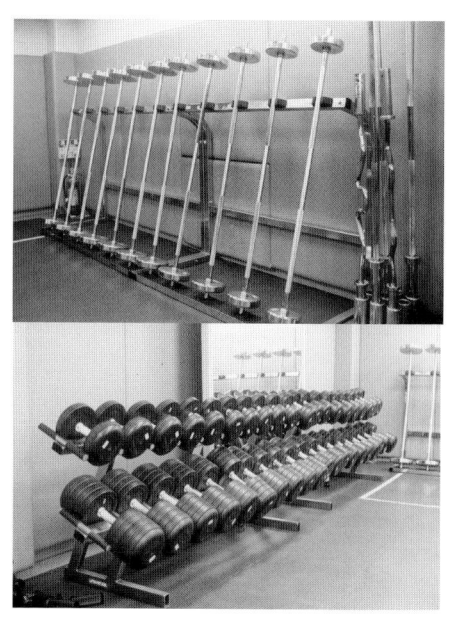

力が獲得できる。
⑤用具の値段が安価である。
⑥用具を収納でき、動作中もあまり広いスペースを必要としない。
⑦一つの用具(例えばバーベル1セット)で、多くの種目を実施できるので何セットか用具があれば、多人数でバラエティーな種目を一度に実施できる。

短　　所
①負荷(重量)の挙上位置や下降スピードを間違えると、筋肉や関節、靭帯などを痛めることがある。
②多くの場合、重量物を手に持って直接動作するので、ふざけた振る舞いを行ったり、集中力を欠くと重量物落下などの危険の可能性がある。
③用具において見た目の豪華さがないので、特に初心者のトレーニング意欲を喚起しにくい。
④ケガをして最初のリハビリトレーニングや中高齢者ではじめての運動をする場合、筋力不足や筋コントロールに不慣れなことが原因で(技術的な原因で)、負荷(重量)を上下する動作中、正しい軌道位置から外れやすく、筋肉や関節、靭帯などを痛めることがある。

　その他のこともあげられますが、以上がフリーウエイトトレーニングの代表的な長所(利点)と短所(欠点)です。このことから、フリーウエイトトレーニングを実施する場合、長所(利点)を最大限に発揮し、短所(欠点)を最小限に抑える方法として、個人の体力と筋力に合わせた負荷(重量)設定、体幹固定フォームと呼吸方法、挙上下降位置と正しい動作軌道、適切なスピードやテンポ、などということを意識して行うことが重要になってきます。
　一方マシーントレーニングの代表的な特徴(長所、短所)を示してみますが、おおよそフリーウエイトの特徴と反対のことがいえると思います。

マシーントレーニングの長所と短所
長　　所
①ほとんどのマシーンの動作軌道が固定されているので、リハビリトレーニングや初心者が指導を受けることなく実施しても高負荷を使用しない限り、動作そのもので筋肉や関節、靭帯などを痛めることが少ない。
②動作をする位置と、持ち上げる負荷(多くの場合プレートのウエイトスタック)が離れたところにあり、重量の落下によるケガが少ない。
③用具に見た目の豪華さがあり、特に初心者のトレーニング意欲を喚起しやすい。

④いろんな種目に熟練していなくてもトレーニングを実施できる。

短　所
①身体も、動作する軌道も固定された状態で運動を実施するマシーンが多く、その点、日常動作やスポーツの競技中にその様な動作が行われることは少ない。
②軌道が固定された場合、動作中にバランスをとる必要がなく、運動に参加する筋肉が少なくなる。
③カウンタームーヴメントが発生しないマシーンが殆どである。
④1台1種目に使用が限定されているものが多い。
⑤アシストトレーニング(補助者を利用したトレーニング)が実施しにくい。
⑥用具を収納できないし、多種目に対応するマシーンを設置した場合、広いスペースを必要とする。
⑦負荷(重量)の小刻みな調節ができない。
⑧用具の値段が高価である。
⑨極端な身長差（体重差に適応していない場合が多い。（身長180cm以上の男子や、身長の低い女子の場合）

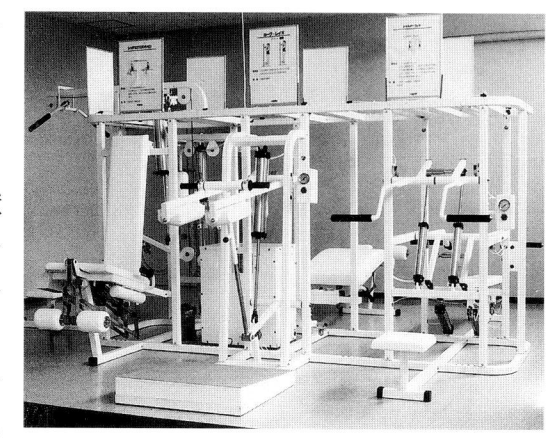

　以上のようなことが、マシーンの長所(利点)、短所(欠点)としてあげられます。このように列記した上で総合的に考慮すると、現状では、バラエティーさが要求されるスポーツ選手の筋力強化運動には、正しい方法(動作、負荷設定)で実施するならば、フリーウエイトトレーニングの方がより適しているといえるでしょう。

【ここで述べたいポイント】
1. 高価なマシーンで行なうトレーニングのみが、最高に効果的であると思うのは間違い。
2. 今のところ、正しくフリーウエイトを使用したトレーニングにかなうものはないようである。(シンプルイズベスト)
3. ただしフリーウエイトを使用する場合、注意しながら実施する。
4. マシーントレーニングは初心者のトレーニングやリハビリ運動としては優れている。

3．むやみに重い重量を挙げてませんか？

　ある時、高校野球の選手達との雑談中に、選手の一人がこんな事をいってきました。
「プロ野球選手の○○選手はベンチプレスで100kg以上を持ち上げることができるそうですよ」
「ライバル高校の4番打者はスクワットで150kgを挙げるそうですよ」
そのように話しかけられた時には、私たちは素直に、
「へぇ、すごいねー。君達も負けられないね‼」
といって選手を励ましています。しかし、その後に、必ず付け加える言葉があります。
「私たちが指導している正しい方法でトレーニングを実施していたとしたら、君のいったその選手は、それだけの重量をもちあげることができると思う？」と。すると選手は、「それは無理でしょう」と笑いながらいいます。

　もちろん、このやりとりのご紹介は、私たちに指導力がないことやこの高校野球の選手が私たちのトレーニング指導を信用していないということを示そうとしているのではありません。この高校野球の選手は1年以上、私たちの指導を受けているので、私たちがどういうことをいいたかったのかということをわかって応えてくれているのです。

　私たちは指導を行うすべての選手に対して、第1回目の指導の時に必ずこのようにいいます。「君たちは、競技選手です。ですから、筋力トレーニングを実施するうえで高重量を無理やり持ち上げることを目標にしないでください。挙上重量の伸びや筋肥大は正しいトレーニングを行った結果として受け止めるべきです。私たちが君たちに伝える方法でトレーニングを実施したら必ず結果を出すことができますが、高重量を挙げる事だけに執着したトレーニングを実施してしまうと、『百害あって一利無し』となることが往々にしてあるのです！」

　この話を聞くと、選手たちは「えっ、……逆に重量を挙げるなということなのか‼???」とでもいわれたように驚いた顔をしていることが多いですが、月日が経つにつれ、ほとんどの人が納得していくようです。なぜ、私が重量を挙げる事だけに執着してはいけないといっているのか。それは、第一にケガの予防という点からなのです。競技選手であれば、当然のごとく競技能力向上のために筋力トレーニングを実施していきます。しかし、それがいつしか高い重量を持ち上げることにこだわっていくようになってしまうと、「どんな方法でも良いから挙上しよう」という気持ちがはたらくようになってしまいます。

　私たちにも覚えはありますが、特に高校生という世代は、血気盛んで、前向きで、やる気に満ち溢れています。ただし、その半面で、将来の目標(大会)までのコンディショニングプラン(調整過程)や、段階的プログラムメニューをとかく忘れがちで、さらには、とにかく重たい重量を挙上しさえすれば、筋力が高くなる、強くなると勘違いしやすい

人が多く、その結果、無理な方法で重量を挙げている選手をよく見かけてしまうのです。ここでいう「無理な方法」については、ベンチプレス種目(ベンチの上に仰向けに横たわって重量を持ち上げるトレーニング方法)の場合を例にしてその具体例を挙げてみましょう。

①バウンディング(胸の上で「バーベルシャフト＝両手で握っている棒」を弾ます動作)を使ったトレーニングをしてしまう。
②持ち上げたバーベルを下降させるスピードが極端に速い。
③ブリッジ(ベンチ台の上でのけぞるような姿勢で体をアーチ状にして行う方法)で挙上してしまう。
④自分にとって、せいぜい1回のみ持ち上げることができるかどうかというほどの高い重量を用いて、「挙がるか、つぶれるか」というようなトレーニングを毎回行う。

　これらのことが代表的な例として挙げることができるでしょう。これらのような方法では、「強化」どころか、むしろ競技にとっても、自分の身体にとっても「悪化」になってしまい、身体のどこかを痛めて試合に出場できなくなったり、スポーツの強化としてのトレーニング効果が薄くなるなど、選手のパフォーマンス低下やチームの戦力低下は目に見えています。
　以前、私たちはある高校野球の監督さんからこういわれたことがあります。
　「筋力トレーニングについては、私が体育大学出身者なので、大学時代に習った事を選手たちに実施させていました。しかし、重量を用いたトレーニングを高校生に行わせても、それはケガにつながるのでやらないことにしました。それに危険を冒して筋力トレーニングを実施してもそれほどの効果がないように感じます」
しかし、この監督さんが大学時代に習ったという筋力トレーニングの方法について詳しく話を聞いていくと、先に挙げたベンチプレスにおける「無理な方法」が4つともすべて当てはまっており、これにはたいへん驚きました。なぜこのような「無理な方法」を行うと身体を痛めやすくしたり、効果を薄くさせるのでしょうか。
　①と②の場合は動作のテンポに関係します。バーベルなどの重量物を、下降させる方向から挙上する方向へ転換し、まったく反対の動きへもって行こうとする時、慣性が働いているので掛かる負荷は急激に増えます。ゆっくりとした動きなら掛かる負荷はそれほどでもないのですが、重いバーベルを速いスピードで動作すれば、かなりの負荷が掛かってきます。
　それが、ベンチプレスの場合では最悪なことに大胸筋が最大伸展された時に起きるので、大胸筋の停止腱や、それに近い筋肉の部分、さらに肩関節の自由度がない位置での高い負荷なので、肩の筋肉や腱、靭帯などを傷めてしまうという訳です。

第1章：筋力トレーニング（理論編）

　また胸の上でバーベルシャフトを弾ませるような動作を行った場合、効率的に筋力を発揮していくことができる挙上軌道から外れることが多く、その結果、重量物のバランスをとるために肩の腱板に付着している小さな筋肉に瞬間的に多大な負荷が掛かり、その部分も同時に痛めてしまうことになります。軽い重量を使用する初心者のうちなら関節構造上耐えることができる負荷かもしれませんが、この場合、少しずつ筋力が強くなり、重い重量を使用することができていくのにしたがって危険性は増してくるというおかしなことになり、筋力が強くなっていく一方で、ある日突然「肩が痛い！」というようなことになるわけです。

　またトレーニング効果の面では、重量をゆっくり下ろす動作をすれば（エキセントリック＝筋肉が引き伸ばされながら収縮）、効果が大きいことが分かっています。速く下げて（脱力するように）いく方法でベンチプレスを行ってしまうと、危険度も増し、さらに胸骨にも打撃によるダメージが外的に加えられてしまい、効果も少なくなり、悪いことだらけになるというわけです。後にも述べていますが、「1、2、3」というテンポでゆっくりと重量をコントロールするように下げていきましょう。

　③は、鍛えたい大胸筋へ掛かる負荷（関節角度の優位性）を低減して効率的に高重量を挙上する方法としてパワーリフティングの選手が用いるフォームに似ています。しかし彼らは基礎的な筋力トレーニングを長年実施した上で、重量を挙上する競技（大会）として、このフォームを使用しており、その点、スポーツの強化として用いる筋力トレーニングとは目指すところが異なります。

　③の方法による持ち上げでは、確かに正しいフォームで行った場合による実力以上の高重量が挙上できます、しかし、ここに危険があるのです。

　これでは、大胸筋の一定の関節可動域のみの強化となり、全体に効果が行き渡らないという欠点もあります。しかもこの動作をしていると、身体がブリッジをして反っているため、重量を挙げる方向がお腹側になります。それを繰り返すと、その方向での挙上軌道の癖がついて、まともに（ブリッジしないで）動作した時も、横から見た時に、お腹側にバーベルが倒れた斜め上の方向へ挙上することが多くなり、肩に余分な負荷が掛かる習慣を作り上げ、その結果、先の

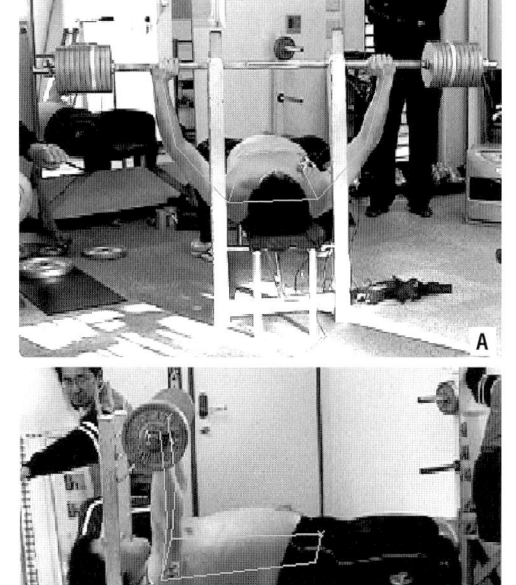

3次元動作解析の測定

19

場合と同様に、「肩が痛い！」となる危険性があるのです。

表1は、ベンチプレス実施時において、上腕が倒れた場合、そして挙上位置が正しい場合というそれぞれ2つの状態での動作解析（3D＝3次元）による肩関節部分に掛かる負荷を比較したものです。

私たちが行っている動作解析とは、2台以上のビデオカメラを使い、実動作を毎秒60コマで撮影し、さらに複数台のカメラで撮影した画像をパソコンの中で立体的に合成し（前頁写真Ⓐ・Ⓑ）、3次元に変換して、人体の部分的あるいは全体的な角速度(deg/s)、加速度(cm/sec)、CG重心位置の変化、衝撃度(Nt=ニュートン)などに解析したものです。

この解析から、あきらかに腕が倒れた動作において、肩関節への負担が多いことが判明しました。さらに同時に筋電図計で計測したものが図1、2です。ここからも途中から肩の筋肉の活動電位が高いことがわかります。

このようにトレーニングについての詳細を研究していく上では、人間の感だけに頼らず、時には科学の目で判断することも必要なのです。ちなみに、最もポピュラーなスクワット種目やデッドリフト、リフトアップ（クイックリフト）など、筋力トレーニングの種目だけに限らず、スポーツの場面においてもさまざまな分析を行なっており、機会があれば発表したいと考えています。

④については論外で、毎回同じような筋力発揮ができれば問題はないでしょうが、人間の体は調子の良い時もあれば、悪い時もあるわけです。もちろん機械ならば、毎日ほぼ同じような力が出せるのでしょうが、自分の筋力

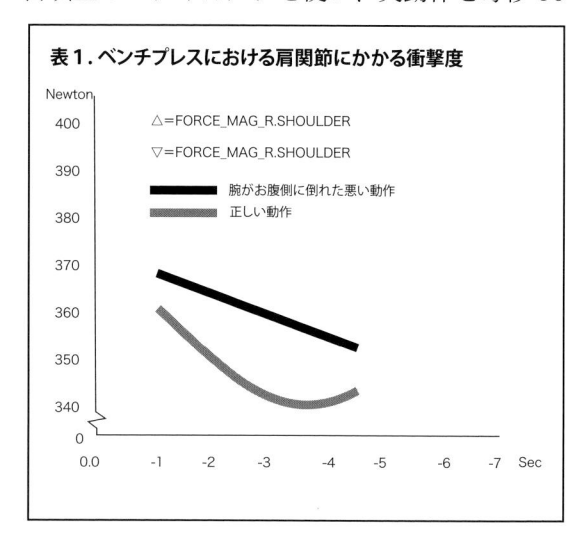

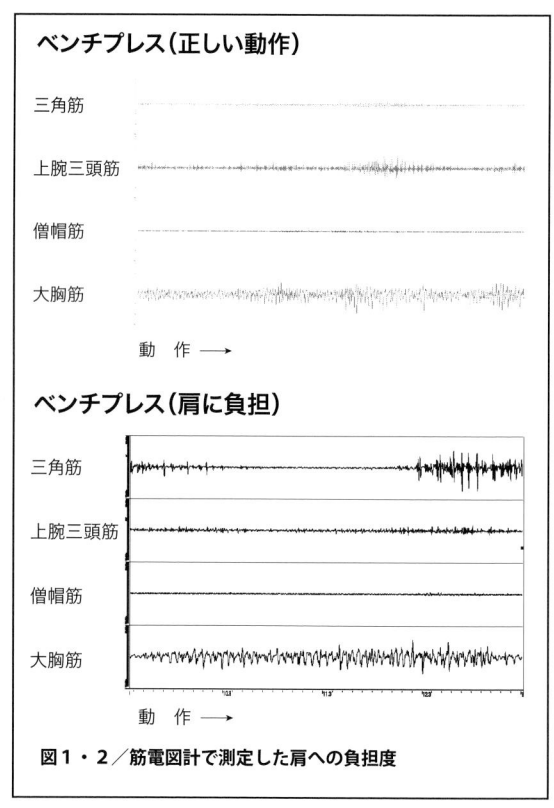

表1．ベンチプレスにおける肩関節にかかる衝撃度

△＝FORCE_MAG_R.SHOULDER
▽＝FORCE_MAG_R.SHOULDER
── 腕がお腹側に倒れた悪い動作
── 正しい動作

ベンチプレス（正しい動作）

三角筋
上腕三頭筋
僧帽筋
大胸筋

動　作　→

ベンチプレス（肩に負担）

三角筋
上腕三頭筋
僧帽筋
大胸筋

動　作　→

図1・2／筋電図計で測定した肩への負担度

にとって100%の負荷ということでは、調子の良くない日は、その重量が挙上できなかったりします。またスポーツ選手が筋力トレーニングを行う場合、練習後や練習中の時間に筋力トレーニングを実施することも十分に考えられ、筋力トレーニング実施前に筋力が低下していることは往々にしてあるのです。

そのような中にあって、「この重量は絶対に挙がるはずだ！」という先入観から無理をして普段動作に使用する筋肉以外の筋力を使うため、挙上軌道をはずしてしまい、筋肉部分か関節部分を痛めてしまうことになります。

また動作中の呼吸についてのお話をここでしておきましょう。筋力発揮と呼吸の関係は微妙であるといえます。私たちトレーナーは指導先の選手に、いつもこのように聞いています。

「君たちが力を出しやすいのは、息を吸っている時ですか。それとも吐いている時ですか。あるいは、止めている時ですか」

そうすると、多くの選手は「止めている時が出しやすいです！」と応えます。

「でも、止めたまま動作をしていたら苦しいし、下手をすると死んでしまいますね」と半分冗談で言うと、困った顔をして「じゃあ、吐いている時です」と応えが返ってきます。

さて、ここにヒントがあります。挙上動作で力を必要とする場合には、息を吐くようにし、下降動作では吸うように指導しています。もちろん、これはあくまで基本ということではありますが、腕を伸ばす時や曲げる時、あるいは立ち上がる時や、しゃがみこむ時などの動作中において、「どちらが力を入れやすい」とか、「どちらの方が違和感無くおこなえるか」ということを選手たちに選定してもらうと、ほとんどの選手がコンセントリック（筋肉が収縮しながら短くなっていく状態）な動作で息を吐くことを選びます。昔の武道の達人は、強い相手と対峙したとき、呼吸を悟られないようにしたといいます。このことから、たしかに吸っているときに攻撃を仕掛けられたら筋力面からいっても、不利な状態になるのが分かるのではないでしょうか。

【ここでのポイント】
1．勘は一流選手を生み出す要素の一つだが、勘だけに頼らず科学の目で検証確認し進んで行くことが大切。
2．最大筋力値を上げることは重要だが、フォーム重視を第一とし、重量を挙げるということだけにこだわらない。
3．現場では、最大筋力は日々変化するという前提で実施する。

4. "インナーマッスル"は特殊な筋肉か？

　私たちが知る限りにおいては、筋肉の種類について、インナーマッスル(近年、「身体の内側の筋肉、表から見えない筋肉」などのニュアンスとしてこういう呼び方があるようです)、あるいはアウターマッスル(近年、「身体の外側の筋肉、比較的大きな筋肉、表から見える筋肉」などのニュアンスとしてこういう呼び方があるようです)というような区分けは必要ないようです。とりわけ近年の風潮としては、いわゆる「インナーマッスル」と呼ばれる筋肉については、何か特殊な能力をもった筋肉であると考える傾向が生まれているようです。

　特に、「肩のインナーマッスル」という言葉を良く聞きますが、これは、野球の投球動作などで肩関節に負担がかかるので、その負担を受ける筋肉(棘上筋、棘下筋、小円筋など)の停止腱部分が、三角筋や広背筋に隠れて表面からは見えにくいことからいわれはじめた言葉のようです。

　また、この筋肉は回旋動作に関連する筋腱板に主に付着しているという構造を持っているため、特殊な回旋運動をするかのごとくいわれていますが、その動きだけでなく、上腕を前方挙上する場合や他の動作でも収縮します。解剖図などを見ていただければ分かりますが、筋肉の付着箇所(あるいは腱が)は肩の深部にあり、「背中側あるいは肩甲骨近辺にある筋肉」という表現ができます。

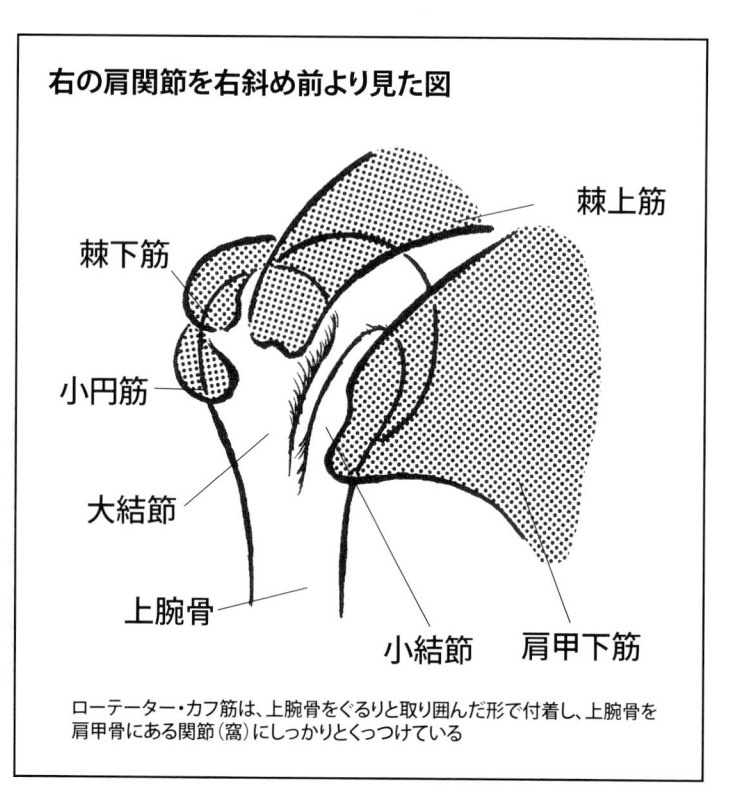

　肩関節以外にもサッカー選手が重要としている股関節を安定させる筋肉として腸腰筋(大腰筋、腸骨筋など)が挙げられますが、この筋肉は直立姿勢で脚部を挙上した時に大腿直筋、腹直筋と共に収縮します。脊柱起立筋などとは拮抗筋(反対の動きをする筋肉)の関係にありま

右の肩関節を右斜め前より見た図

棘上筋
棘下筋
小円筋
大結節
上腕骨
小結節
肩甲下筋

ローテーター・カフ筋は、上腕骨をぐるりと取り囲んだ形で付着し、上腕骨を肩甲骨にある関節(窩)にしっかりとくっつけている

す。この腸腰筋は内蔵に隠れて表面からは見えにくいのですが、巷でいわれているような「特殊な部位にある筋肉」ではないと考えられます。

　筋肉について、インナーあるいはアウターという呼び方は、近年さかんにいわれているだけで、本来医学的にそのような呼び方はなかったのではないかと思われます。私たちの筋肉は、コンビニで販売されている肉まんではないので、中身の「具」と「皮」のような明確な区分けがあるはずがありません。それに人体は複雑に絡み合った筋肉によって動作しているのです。

　私たちトレーナーグループは、以上のことから、特定の筋肉について、それを「特殊な筋肉」と考えるより、「トレーニングをしなければならない筋肉の一つ」と考えるべきであるという結論で対応しています。そして、「ある部分のトレーニングのみを行う」という風潮を生じさせないためにも、「何か特別な働きをする筋肉」が存在するというような表現はぜひとも慎みたいとも考えています。

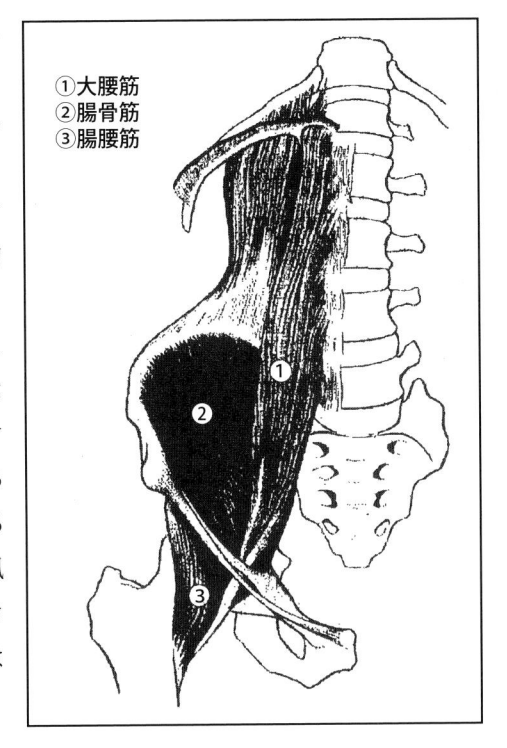

①大腰筋
②腸骨筋
③腸腰筋

【ここでのポイント】
1．特殊な筋肉ではなくて、人体に存在するのは必要な筋肉のみであるという考えを持つ。
2．我々が動作する時、一つの筋肉だけが動くことはない。
3．したがって、一部分を使って動いているように感じても、協同して筋肉は働いて(収縮)いるので、バランスの良い筋肉強化を心がける。スポーツの動きも同様に考える。

5．インナーマッスル強化の正しい方法は？

　いわゆる「インナーマッスル」と呼ばれている筋肉について、それらは特殊な筋肉ではありません。そのことを正しく認識した上で、それらの筋肉についても効果的にトレーニングを行うべきです。

　現在、スポーツ競技のトレーニング現場で行われている筋力トレーニング全般においては、残念なことに重量(負荷)とそれを用いた動作の繰り返し回数をいつまでも一定にして(この方法は「ノン・RM(限界回数)」といいます)実施しているというのが主流です。特に肩のインナーマッスルと呼ばれている筋肉は小さな筋肉が多いため1～2kgのアレイ重量またはゴムバンドを使用して20回を1セットとして数セット行うという方法が行われることなどが多いのですが、その方法では、筋力アップのために十分な効果が期待できるというよりもケア(手入れ的、調えるなどの意味合いで)として実施しているのにすぎません。

　しかし、考えてみればわかるようにケアだけで良いはずがありません。その部分が過去に何らかの傷害が起きたことで実施するのだとすれば、対処的な運動となりますが、今以上により良く、より強くしていくことを目的に行うトレーニングとしては、概念から外れることになります。その部分の筋肉は、いつまで経っても同レベルのままです。

　また、予防的な強化として行う場合も、筋肉の「漸増性負荷の法則(少しずつ負荷を強くする)」に従って行う必要があります。確かにこの重量で筋力の増加をうながすことができるレベルもあるとは思います。しかし重量が明らかに軽すぎるといった状態では、より良い効果は望めないはずです。1～2kgで軽くなったら、3kg、4kgと重くしたり、ゴムの強度を少なくても1段階ずつ増加していけるよう1～6レベル以上に段階的に負荷強度を区分けした設定にする必要があります。他の種目のようにギリギリのRM(限界回数)まで、実施するかどうかは別として、「あと1~2回はできそうかな！」という余裕的な限界まで行うことで筋肉は強くなっていきます。

　多少話の方向性から脱線しますが、いわゆる「肩のインナーマッスル」は上腕骨の回旋運動が主体ですので、引けば引くほど負荷が増す傾向にあるゴムバンドなどを用いた場合は、体に対して上腕が回旋する角度で負荷が異なるということになります。また、アレイなどのウエイト(重量物)を用いた場合では、肘を台について行うことが多いので、同じく上腕が回旋する角度で筋肉に掛かる負荷が増減的に変化することになります。このお互いの欠点をカバーするためにどちらの用具も取り入れたトレーニングがベストであるといえるでしょう。

　実際の「インナーマッスル」強化の具体的な方法としては、とりあえず15RM(その負荷を用いて動作を繰り返した時、繰り返し回数の限界が15回になる)前後の負荷から開

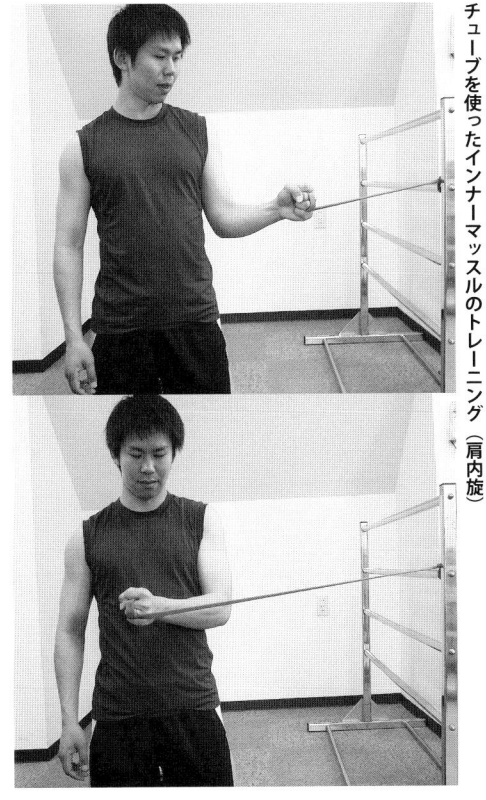

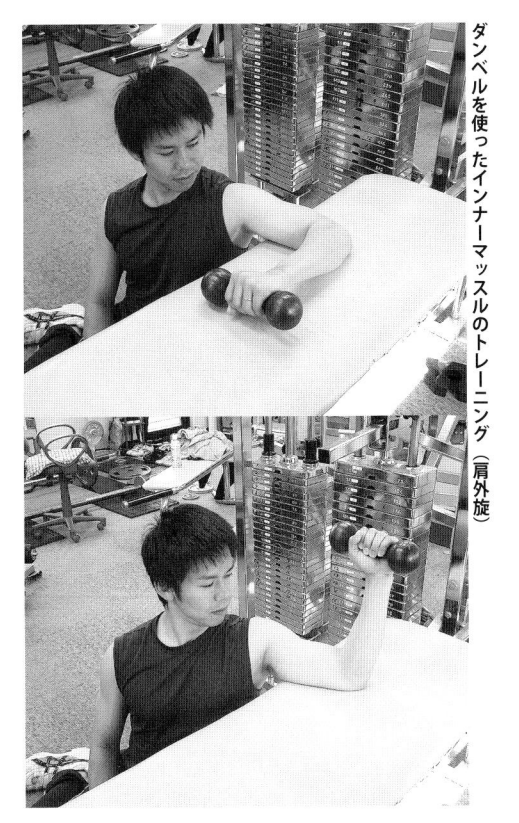

チューブを使ったインナーマッスルのトレーニング（肩内旋）

ダンベルを使ったインナーマッスルのトレーニング（肩外旋）

始して、25RM程度繰り返し回数ができるようになれば、1段階負荷を(重さやゴム強度)増やして行っていくという方法をおすすめします。

【ここでのポイント】
1. ケア(お手入れ)という考えよりは、無理のない強化運動を重視する。
2. 「インナーマッスル」と呼ばれている筋肉でも、「漸増性負荷の法則」にあてはめたトレーニングを行なったほうが良い。
3. その場合、ウエイトとゴム両方の負荷特性を考慮して実施する。できれば両方の負荷パターンの欠点をカバーするよう、どちらも行なうようにする。

6．筋力測定でわかる最大筋力とスピードの関係

　現在、筋力を測る方法は、大きく分けて2種類のやり方がポピュラーとなっています。その一つは、フリーウエイト(バーベル、ダンベル、アレイ)やウエイトスタック(トレーニングマシーンなどブロック状の重り)などの重量物を用いて最大挙上重量を最大筋力として計測する方法。もう一つは動的筋力測定装置を用いる特殊な方法です。このうち動的筋力測定装置を用いる方法では等速度の動きになるよう、押せば動き続けるバー(またはロールクッション)に最大努力で力を発揮し、そこに加えられた力(圧力)を関節角度毎の複数ポイントで計測し最大筋力としていきます。

　ちなみに私たちの測定部門ではどちらの計測方法も実施していますが、そのうち動的筋力測定装置「エリエールCES」(現地に移動できる測定装置を有している)による測定の場合、速度の変化が角速度(deg/s)で設定できるため、秒速37.5cm(15deg/s)の比較的ゆっくりした動きの速度モード(最大筋力的評価)と、その4倍の速度である秒速150cm(60deg/s)の比較的速い動きの速度モード(スピード筋力的評価)で、同一エクササイズ(たとえばスクワットやベンチプレスなど)の測定が行えるという特徴があります。これにより、最大筋力の増大と身体動作のスピードとの関係を知ることができます。この方法によって集められた計測データから分かった事実をご紹介しましょう。

　あるチーム約20人の15deg/s(最大筋力的評価)のスクワット測定データでは、約3ヶ月間の筋力トレーニング実施で、実施前後において約30%の伸び率があり、その測定数値を体重で割った時、体重1kgあたりの筋力(選手の動きに関連する筋力)も同様に27%伸びていました。一方、同様にスクワット60deg/sの筋力も79kgから98kgへ伸びを示しており、60deg/sの筋力を体重1kgあたりで割った数値も1.18kgから1.56kgへ増加していました。

　そこで初期に測定した最大筋力的評価である15deg/sの数値（筋力）と、そのときのスピード筋力的評価である60deg/sの割合は0.61で最大筋力的評価の約61％の割合でスピード的筋力が発揮されていることになりますが、トレーニングを行なった後の割合は0.58で58％という具合に、そこだけとらえて言うと最大筋力に対するスピード筋力が下がったように感じます。というより割合は下がる傾向にあります。しかし、前述のように60deg/sの体重1kg当りの筋力が上がっていることと、体重1kg当りの筋力も上がっているので、体重が負荷とな

	前回 BP	前回 SQ	今回 BP	今回 SQ	伸び率 BP	伸び率 SQ
最大筋力	73Kg	130Kg	88Kg	168Kg	120%	129%
体重1Kgあたりの最大筋力	1.09Kg	1.93Kg	1.29Kg	2.47Kg	118%	127%
スピード筋力	39Kg	79Kg	44Kg	98Kg	112%	124%
体重1Kgあたりのスピード筋力	0.58Kg	1.18Kg	0.65Kg	1.56Kg	112%	132%
最大筋力とスピードの比率	53%	61%	50%	58%		

表2．エリエールCESによるベンチおよびスクワットの筋力の比較

るスポーツや、ある程度重量のある何かの道具（バット、ラケットなど）を用いたスポーツの場合、スピードも出てくるということになり、動きも良くなっているわけです。私たちは他にも統計的なデータは数多く（10万人以上）保有しているので、機会があれば発表したいと思いますが、とりあえずこのような結果から前述の条件（自己体重が負荷となることや用具使用）はありますが、筋力トレーニングで動きのスピードは上がるということがいえます。

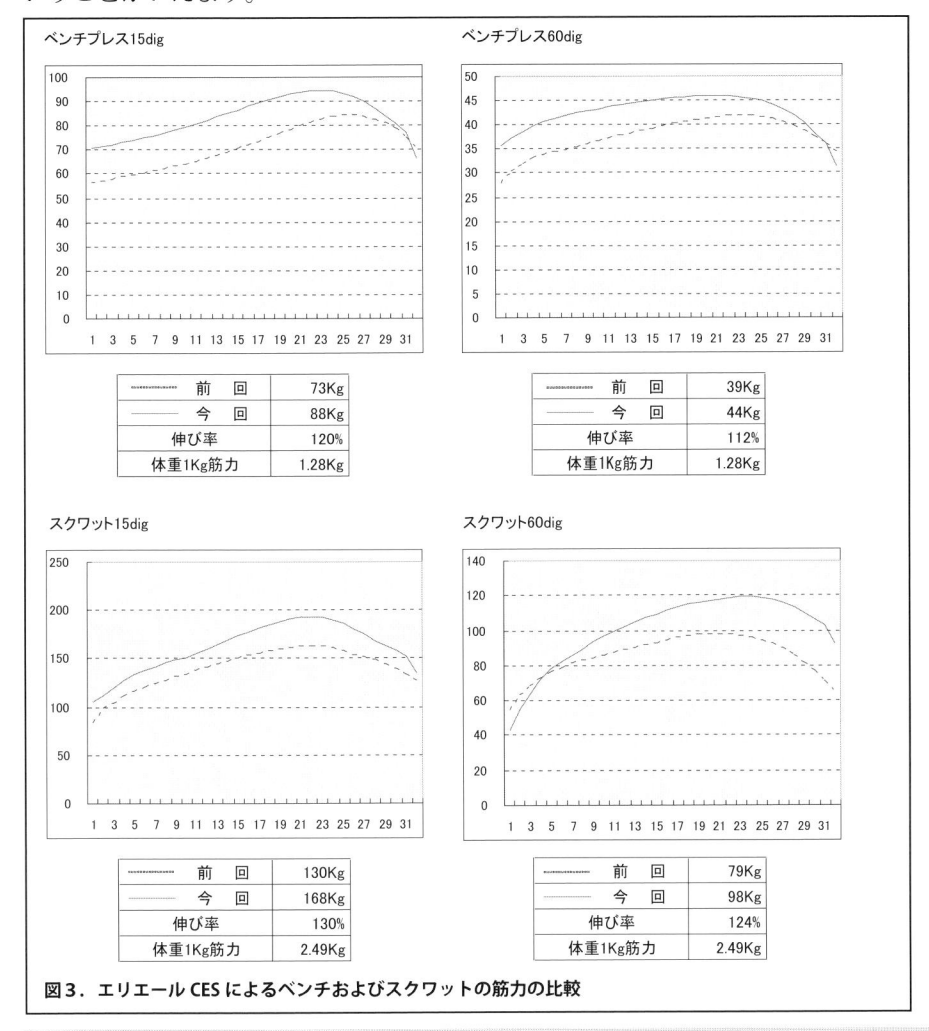

ベンチプレス15dig

	前　回	73Kg
	今　回	88Kg
	伸び率	120%
	体重1Kg筋力	1.28Kg

ベンチプレス60dig

	前　回	39Kg
	今　回	44Kg
	伸び率	112%
	体重1Kg筋力	1.28Kg

スクワット15dig

	前　回	130Kg
	今　回	168Kg
	伸び率	130%
	体重1Kg筋力	2.49Kg

スクワット60dig

	前　回	79Kg
	今　回	98Kg
	伸び率	124%
	体重1Kg筋力	2.49Kg

図3．エリエールCESによるベンチおよびスクワットの筋力の比較

【ここでのポイント】

1. 自己の体重に負ける筋力では、動きを速くするスキル的な練習よりも筋力トレーニングが必要。
2. 一言で「筋力測定」といっても何種類もの測定方法がある。つまり筋発揮のパターンがいくつかある中で、どのパターンを測定するかでデータの意味するものが違ってくる。

7．スポーツ選手の動作・スピードを速くするには

　スポーツの動きの中でスピードを高めるということは以前から考えられ、そのためにいろいろなトレーニングが行なわれてきました。では、スポーツでいう「スピード」とは一体どのようなものをいうのでしょうか。

　ある時は走る速さであったり、ボールを投げる速さであったり、滑る速さであったり、スウィングの速さであったり......、おそらくそれはさまざまでしょう。しかしこれらの「スピード」に少なからず共通するのは、用具を速く扱ったり、自己の体重を負荷とした場合の動作スピードを速くしたり、踏ん張る筋力、耐える筋力を高くすることです。

　そう考えると「スピード」を高める条件は、それぞれのスポーツ種目で使用される用具(野球バット、サッカーボールなど)の重量や実際に各スポーツに参加している選手個人(自分自身)の体重にヒントがあるということになります。

　例えば、ある人が重量物を「重い」あるいは「軽い」と感じる感覚を考えてみましょう。大前提として、人間は、基本的に地球上で生活を営んでいる限り「重力に逆らいながら」直立2足歩行で移動している事になります。したがって、「自分の身体の体重(kg)も重量物」になり、「重い」「軽い」と感じる感覚に影響を与えますし、加速や減速時、ストッピングの時などにおいて顕著にそれを自覚することができます。

　しかしここで誤解をしてはいけないことは、体重計の数字がダイエットによって「軽く」なればスピードを獲得できるのではないということです。それはむしろ、筋肉を衰えやつれさせ、試合中のスタミナ切れの原因となるばかりか、勝敗以前の健康的な問題を発生させます。

　選手本人が「自分の身体を軽く感じる」「スピードがあると感じる」という「感覚」は、「体重1kgあたりの筋力」と大いに関係があると考えられます。つまり人間の身体そのものの「移動するスピード」を高めるには、この「体重1kgあたりの筋力」を、最低2種類の測定(アイソキネティック、アイソトニックなど)で評価し、段階的に高めていくことが基本原則となります。

　また一方、「野球バットの重量を軽

最大筋力が向上すればバットは軽く感じ、スウィングスピードが速くなる

く感じる」という「感覚」や「サッカーボールの重量＋インパクトを軽く感じる」という「感覚」は、体重1kgあたりの筋力よりも、体重に関係のない「最大筋力値」と関係があります。つまり、用具を扱う動作に必要な筋肉部位と関連する筋肉部位の最大筋力のレベルが高い選手ほど「重量を軽く感じる」ことが可能となり、野球バットの重量を軽く感じ、条件(バットとボールがヒットするタイミングやスイートスポット)が整えば「ボールを遠くへ飛ばせる」ようになります。同じように「サッカーボール」に対する場合も「遠くへロングパス」「スピードのあるシュート」を可能にするといえるのです。いずれにしても、この両方の筋力を高めることがスポーツ選手の動作スピードを速くすることに繋がるようです。

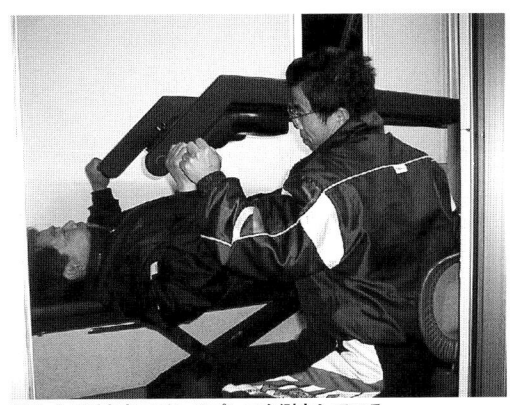

移動式の測定車でベンチプレスを測定している

測定の順番を興味を持って待っている選手達

【ここでのポイント】
1．スポーツ選手の動作、動きを速くするには体重1kgあたり筋力を高めることが大切。
2．使用する用具を速く動かすには最大筋力を高めることが大切。
3．理想としては、その両方を高めるトレーニングがベスト！

8．特定の筋肉だけ鍛えても意味がない

　スポーツや健康増進のためには、「この筋肉を鍛えると良い」というようなことが話題になったりすることがありますが、骨格筋全体のバランス面を考えると、特定の筋肉部位だけを特別に鍛えるというのはどうだろうかという疑問が浮かんできます。

　例えば、「内転筋」という筋肉を鍛えることが大切である、という噂をしばしば耳にしたことがあります。

　内転筋は、長内転筋・短内転筋・大内転筋などから構成され、起始は恥骨結節下枝・座骨下枝あたりから、停止は大腿骨後面・内側上顆などの部位になり、名前のとおり股関節を内転させる筋です。人間の生活活動の基本となる「歩く・走る」という動作では、あくまで進行方向を調整する部分でしか使用されていません。しかも、動作の調整（コーディネーション）として考えると、動きに拮抗する筋肉（拮抗筋）も同じように鍛えなければなりません。何故ならば私たちの動作は、必ずペアの筋肉で働き、一つの動作が終了すると拮抗側（反対側）の筋肉が縮んだ筋を伸ばします。このことからも、この場合には内転筋に拮抗する中殿筋・小殿筋の強化も大切となるのです。

　もっとも、この内転筋とは、その名前のとおり股関節を内転させる筋肉で、人間の生活行動の基本となる「歩く・走る」という動作では、あくまで進行方向を調整する部分のみでしか使用されていません。ですから、下半身の運動動作として考えると、いわゆる足の大腿四頭筋やハムストリングスという筋肉を使用した運動の方が内転筋を使用するより大きな筋力を発揮することができ、「歩く・走る」という動作の上では効率的といえるのです。その証拠に、つま先方向に真っ直ぐ歩いたり走ったりする動きと、カニの横歩きのような内転筋の使用率の高い動きとでは、比較にならないくらい前へ動く方が速いし楽なわけです。

　また私たちの身体には、腸腰筋(大腰筋・腸骨筋などがその中にあります)という筋肉があります。この筋肉は近年、特に話題の筋肉で、主に股

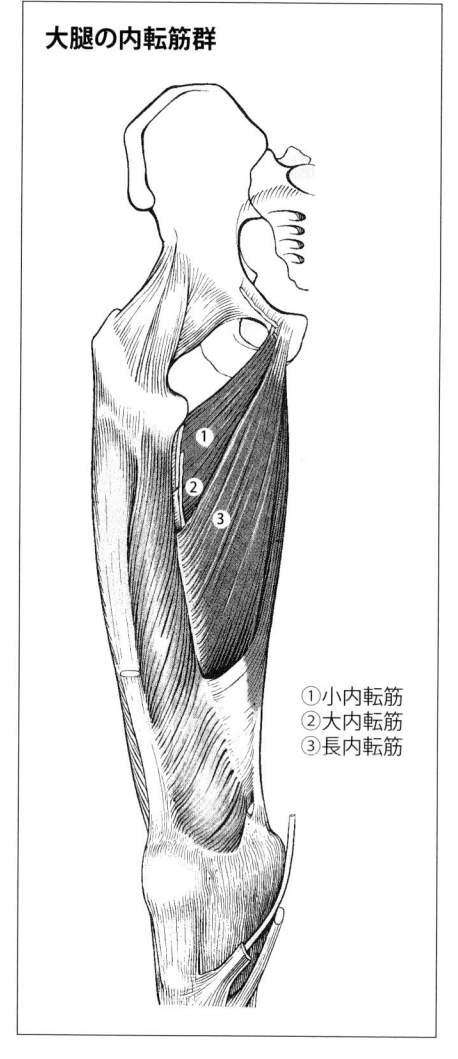

大腿の内転筋群

①小内転筋
②大内転筋
③長内転筋

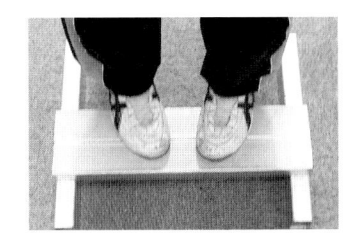

つま先内側（内転） ←――― つま先正面 ―――→ つま先外側（外転）

関節屈曲や、大腿骨の外旋、骨盤前傾などに作用しますが、この腸腰筋も、大きな筋発揮をするハムストリングス、大殿筋などとの拮抗筋との協調があってはじめて働くことができるのです。

　腸腰筋を鍛えるトレーニングとして「レッグレイズ」という種目がしばしば例に出されますが、このトレーニングはやり方を間違えるとケガをする可能性がある種目といえます。腸腰筋のうち大腰筋は大腿骨と腰椎をつないでいる筋肉ですが、仰向けに寝た姿勢で、レッグレイズ動作(脚を上げ下げする動作)をしていく中で、脚(大腿骨)を下ろす際に、膝の曲げ角度を保持した状態で下ろさなければ腰椎が引っ張られるような形になり、腰の形がアーチ状になってしまい、その結果、腰椎に必要以上の圧力が生じて痛めてしまう可能性があります。

　さらに腸腰筋は、なかなかこの筋肉だけにしぼってトレーニングできない部分だともいえます。股関節の屈曲に関していえば、大腿直筋と共同して行なわれますし、腹筋の協調があって骨盤をコントロールしておろすことができるともいえます。このようなことから単独で動かすことが難しい筋肉なのに、なぜこれほどの注目をされるのか分からない面があります。

　魔法のようにこの腸腰筋、あるいは内転筋だけを鍛えるだけでスポーツパフォーマンスが向上したり、健康が増進したりすることは断じてないので、その部分だけにしぼった強化はあまり意味のないことであるといえるでしょう。トレーニング当初は、大筋群の種目を多く取り入れ、さらに一つの筋肉だけにこだわらないで、バランス良くトレーニングすることが大切なのです。

レッグレイズの良い例（上）と悪い例

【ここでのポイント】
1. 特定の筋肉のみをトレーニングするという「流行」に流されず、全身の筋肉をバランスよく鍛えられるように種目を選定しよう。
2. 大筋群の種目であるベンチプレス(大胸筋)だけ、スクワットだけという種目選択も問題である。

コラム

一日のうち、いつ筋トレを行うのがよいの？

　多くの人は夜に寝て、朝起きて活動を始めるという習慣であり、そういった場合夜は副交感神経が活発になります。心臓はゆっくりと鼓動して、呼吸も穏やかに、体温も低くなります。つまり、夜の筋トレは適さないということになります。

　副交感神経が活発な状態は朝起きてからしばらく続き、昼頃から交感神経が活発な状態になってきます。したがって昼過ぎから、夕方にかけてが筋トレを行うゴールデンタイムといえます。ここで競技選手にとって問題になってくるのが技術練習との兼ね合いですが、時期によって、今どちらが求められているのか、どちらを優先させるべきかを考えることが重要です。シーズン中は筋トレがゴールデンタイムにできなくても、朝錬の時や技術練習後、夜など開始時間を一定にしておこないます。もちろんオフシーズンはゴールデンタイムにしっかり筋トレをおこない筋力アップしましょう。

9．関節の動きと筋力の関係を知ろう

　競技能力と筋力との関係において重要なことの一つに関節可動域 (ROM) ということがあります。

　筋力の発揮の特徴には、関節角度が小さい時と大きい時とでは発揮される筋力に変化があり、それゆえにこの関節可動域が大きく関連してくるのです。

　また、実際のスポーツ動作では一つの関節だけでなく二つ以上の関節が運動に参加しています(これを「単関節運動」ではなく「多関節運動」といいます)。例えば、サッカー競技で強くボールを蹴る動作は膝関節のみではなく、同時に股関節も関係しますし、足首の関節も関係していきます。それにより膝関節、股関節、足首に関係する筋群全てを使用して運動する多関節筋群の収縮運動となるわけです。

　ちなみに「サッカーのキックはどの位置において最大負荷なのだろう」という疑問がしばしば問われますが、この多関節運動の見地からも分かるように、それは、膝関節、股関節、足首の関節などのそれぞれの関節に関係する筋肉によってまちまちであるといえます。まして複雑な動きをしている選手の、ここがこの筋肉の最大負荷で、このとき別の筋肉は…、などとやっていては人生の時間の多くを費やす可能性があります。このことは後述している「このスポーツはどこが初動筋力か？」とか、同じスポーツ種目であっても「このスポーツのどういう動きが初動筋力か？」と永遠に続きます。それに、次の動きに連結してるどこが終動筋力部分か？…ということまで考えると収拾がつかなくなってしまいます。

　以下に実際のスポーツ動作における関節可動域と関節にかかる負荷についての話題を挙げてみました。おのおのの話題について一緒に考えていただければと思います。

（1）大きな動きが強い動きを生む

　人間が強い動作を行おうとする際には、小さな動作では行わず大きな動作によって行います。例えば歩く動作よりも、走る動作の方が脚は大きくダイナミックに動きます。筋肉は平常時より１２０％伸長したときに最大筋力となるといわれており、そのため強い動作を行おうした時に大きくダイナミックな動作になるのです。つまり逆に言うと、筋力が高ければ関節の可動範囲を大きく使うことができ、強い力を生み出すことができるということです。

　さらに付け加えると、筋は能動的に伸長(自らその筋肉が伸びる)せず、主働筋(コンセントリック)と拮抗筋(エキセントリック)の作用で働いていきます。つまり同一関節の相反する動きをする筋の一方がコンセントリックな収縮を起こし、それと同時に反対側の動きを司る筋肉がエキセントリック的に脱力的に引き伸ばされることで伸長されます。

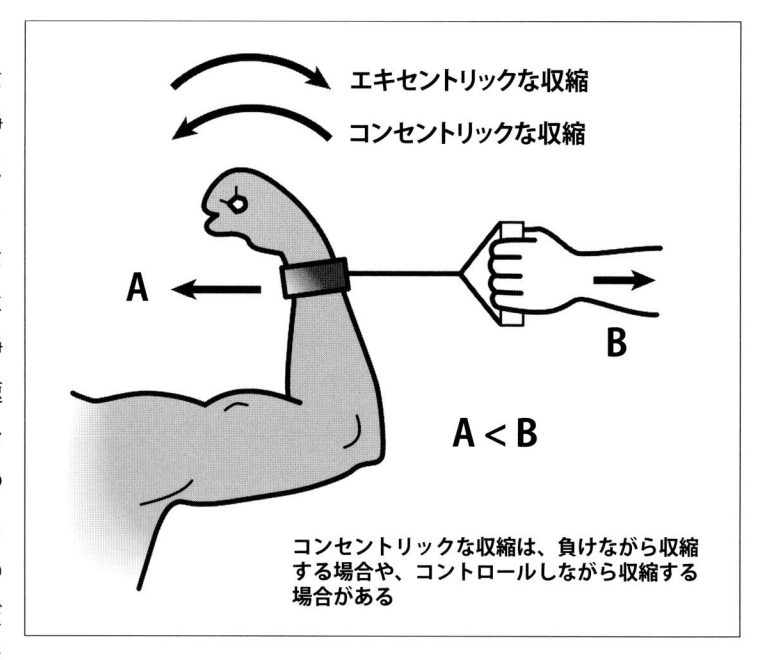

す。

　また主働筋のコンセントリックな収縮が静止状態からトップスピードまで加速を行う場合、拮抗筋のエキセントリックな収縮はトップスピードから静止状態まで急激に減速を行うことで使用率を高くしていきます。つまりスポーツにおける運動とは、常に関節の運動範囲が変化するだけでなく動作スピードも変化しながら、さらにエキセントリックな収縮により行われているのです。

　スポーツの競技動作やトレーニングの議論を行う際に「初期動作(初動)」と「終末動作(終動)」という言葉がしばしば使われます。しかし運動において、「これが初動作で、これが終動作である」というような議論は決して有意義ではないと思われます。なぜなら、動作の切り替わりとは、ある動作にとっては終動作であるかもしれませんが、次の動作にとっては初動作であるからです。このようなことから、私たちトレーナーは単純に動作を判断すべきではないと考えて対応しています。ただし、一つの動きで完結するような動作の場合には、このような区分けは成り立つ場合もあります。

　いずれにせよこのような問題をクリアーにして決着させるには、関節の全可動域、あるいは全可動域に近い程度の十分な筋発揮ができるよう筋力トレーニングを行うということが大切であり、特に動きの初期の基本的筋力に関してはこのことが一層顕著になると思われます。

（2）怪我をしないための筋力トレーニング。そしてよりダイナミックな動きを可能にするトレーニング

　先に述べましたように、強い筋力を発揮しようとする時、その運動は大きくなり、関節の運動範囲も大きくなります。

　このことから、関節の運動範囲が大きいほど関節にかかる負荷も大きくなるということがいえます。さらに付け加えるとすれば運動とは常に関節の運動範囲、運動スピード、そして動作方向が変化していることです。これらのことから以下のことがいえると思い

ます。
①動作の初期段階で主働筋ならびに付着部位に最も強いストレスが掛かりやすい。
②動作の最終段階で拮抗筋ならびに付着部位に最も強いストレスが掛かりやすい。
③運動強度が強いほど関節に加わるストレスも強くなる。
④動作が大きく強くなれば、より深い関節角度となるため強い負荷が掛かり、動作をコントロールする際の関節に加わるストレスが強くなる（筋力がさらに必要とされる）。

　以上の点から考えても、より良い競技パフォーマンスを求めた場合には、身体にかかる負荷は大きく増加していくものと考えられます。特に①と②では運動が常に連続して起こり、絶えず運動方向やスピードの変化をしている場合、関節やじん帯そして腱は常に運動による負荷がかかっていると考えられます。

　さらに推測されることは、コンセントリックな収縮よりもエキセントリックな収縮の方が筋は力を発揮するので、ストッピング動作などの動きをコントロールする際に発揮する受動筋力は、スポーツの動きという形でとらえれば、より力強い動きや高い筋力を発揮する可能性があるということです（鉄棒の大車輪を行なう選手が、握力計ではかった握力はないのに、エキセントリックな受動的筋力が高いので、手が離れないのと同じ）。そして、動作が切り替わる際の負荷は、当然のごとくスピードが増すにつれてさらに強くなっていくのです。

　以上の事柄などを総合的に考えると、優秀なアスリート、つまり強くダイナミックな動きをする選手は、関節にかかる負担が大きくなるので、それに耐えうるだけの十分な筋力で大きな動きを起こしているのだといえます。したがってトレーニングで身体を作るということは筋力を伸ばす、身体を大きくするという目的だけではなく、スポーツの現場で実際に経験する強い運動負荷に耐える身体を作ることためのものでもあるといえます。

　もちろん優秀なアスリートのみがトレーニングで体を作ればよいというわけではありません。すべての運動を行う人にとって、身体をしっかりと作ることは大変必要なことなのです。

　近年では競技としてのスポーツだけではなく、余暇を楽しむためにスポーツを行うという運動愛好者が増えています。そして、そのほとんどの愛好者たちが日頃は特にトレーニングを行わず、週末のみスポーツを行い、怪我や故障を起こしてしまうという現状があります。その結果、多くの人が運動から遠ざかってしまうのです。しかし、運動やスポーツは継続的に行うことで身体や精神のリフレッシュあるいは健康増進という大きなメリットをもたらせてくれるのです。このような意味から、怪我をせずに生涯にわたってスポーツを楽しむためという目的においても筋力トレーニングというものが大切なのです。

【ここでのポイント】
1．各スポーツにおける動作において、動きの初期で発揮される筋力は大きいが、その関節角度はスポーツ種目によっても場面によっても様々であり特定が難しい。
2．動きの減速で使われる筋力(主にエキセントリック的な収縮そして拮抗筋の調整などにおいて使用される筋力)や方向転換で使用される筋肉部位が付着するそれぞれの関節の角度を特定することは難しい。
3．速い動き、ダイナミックな動きは関節可動範囲(ROM)が大きい。したがって筋力を必要とする。

コラム

トレーニングと競技動作は結びつけたほうがいい？

「ウエイトトレーニングでつけた筋肉は競技動作では生かされない。」たとえば「野球で使う筋肉は野球の動作の中でつけたほうがいいと、普段使うものよりも重たいボールやバットで練習をする。」「走るために必要な下半身の筋肉を強化するために重たいタイヤを引いて走る。」など筋力トレーニングと競技動作を合わせたトレーニングが行なわれている場面をよく見ます。これは正しいのでしょうか？
答えは間違いです。どのような方法でつけようが筋肉には変わりがないのですが、ベンチプレスやスクワットなどはそれぞれの筋力を高めるのに最も効率よく安全に行うことのできる種目なのです。最初に書いたようなトレーニングは筋力アップの効率がよくないばかりか、なにより障害を起こす危険性が高まるのです。さらに本来スムーズに行うべき競技動作に負荷をかけることで、力を入れるタイミングがずれたりして動作がぎこちなくなる。つまり技術が下手になってしまう恐れがあります。

第1章：筋力トレーニング（理論編）

10. 関節可動範囲を無視して、筋トレやってませんか？

　現在のスポーツの現場を広く見渡してみると、関節可動範囲を無視、あるいはまったく考えずに筋力トレーニングを行っている例が星の数ほどあるようです。例えば「野球のピッチャーはベンチプレスを行う際に深く下ろしてはいけない」、あるいは逆に「スクワットにおいては目一杯深くしゃがんでフルスクワットを行わなくてはならない」といった通説などです。

　このような風潮は、現場の指導者や選手を悩ませています。それではここで前記の通説などに対しての私たちなりの考えを述べてみたいと思います。

（1）野球選手のベンチプレスは深く下ろしてはいけない？

　これに関連するものに「大胸筋はピッチングの邪魔になる」とか「ベンチプレスは直線的な運動であり、それゆえに直線の筋力がつくから行ってはならない」などという根拠のない通説もあります。

　実際に「3D動作解析」という身体の動きについての詳細な分析を行うと、ピッチング時には大胸筋は腕の動きを邪魔していませんし、ベンチプレスのバーベル挙上の軌跡は、横から見てやや曲線を描きます。おそらくベンチプレスの場合のような誤解は、動作するバー(シャフト)自体がほぼ直線的に動いているように見えていることから生じただけのことであるといえるでしょう。また複合関節動作（ベンチプレスやスクワット）を個々の単関節、例えば肩関節（ボール＆ソケット構造）だけとらえると、上腕骨は半円を描いてい

ピッチングの3D動作解析

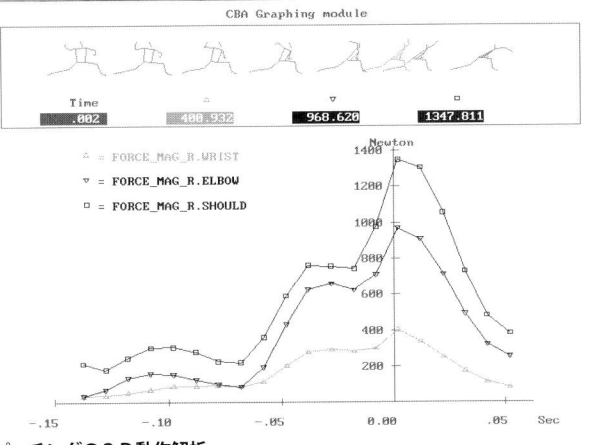

37

ます。このようなことだけで判断するならば、ジャンプも縦方向に直線的ですし、走る動作も水平方向に直線的です。さらにピッチングもホームベース方向に直線的に運動するということで、あらゆる運動は「直線的な運動」ということになってしまいます。

それでは、「ベンチプレス動作でバーを深く下ろさない」という発想についてはどう考えるべきでしょうか。もし、その発想の根拠が、「関節可動域ぎりぎりで強い負荷を与えるのが肩に対して良くないから」というのであればそれはまったく逆の話です。

時速150km程度の速球ボールを投げるという、ある高校野球ピッチャーの動作解析をしたところ、投球時には肩（大胸筋の停止腱に関係）に約1300Nt(ニュートン)の負荷がかかっていることがわかりました。つまり、投球時には、大胸筋が伸展された部位で約130kg近い負荷が肩(大胸筋の停止腱に関係)にかかっていたわけです。このこと一つをとっても、ベンチプレスにおいては関節可動範囲でしっかり行わなくてはならないという事になるのです。

（２）スクワット(しゃがみ運動＋立ちあがり運動)はどこまで下ろす？

この場合スクワットとはどういったトレーニングなのか、どの部位に対してのトレーニングなのかということを考える必要があります。

スクワットでは股関節と膝関節の運動が主となります。よくいわれる「フルスクワット」では、股関節がしっかり屈曲する位置までお尻を下ろしますが、この時膝関節の屈曲により大腿四頭筋は伸張されます。しかし、股関節伸展筋は別にして、この方法が果たして良いトレーニングになるのかということには疑問があります。

大腿四頭筋とは大腿直筋、中間広筋、内側広筋、外側広筋という四つの筋で構成されます。この中で大腿直筋は紡錘状筋に近い線維走行をした羽状筋形態であり、股関節と膝関節をまたぐ二関節筋です。その他の三つの筋である中間広筋、内側広筋、外側広筋は羽状筋または半羽状筋で膝関節のみをまたぎます。

このことから、スクワット動作でフルスクワット可動域近辺の位置まで行った際には、股関節が深く屈曲することになるので、二関節筋である大腿直筋は股関節の屈曲によって、これ以上の最大伸長を得ることはできません。しかも大腿骨に沿った筋収縮力の方向が、股関節の屈曲により膝をロックするように大腿骨の垂直方向に近くなり、膝伸展力の方向へ筋力を発揮する上で非効率になります。

このことから膝を屈曲する位置までスクワット動作を行なった場合には、背筋を使用するように腰背部が丸くなってしまい過剰に上体が前傾してしまうという危険性が伴います。スクワットは腰背部のトレーニングではありませんので上体を過剰に前傾する必要はありません。しかも、上体の過度な前傾は腰背部に対する負荷が急激に強くなるので腰痛の原因となる可能性が高くなります。

つまり、スクワットはフルに深く下ろす必要はなく、上体が過剰な前傾をしない無理

スクワットのしゃがむ深さは、必ずしもフルスクワット（写真右端）が一番良いわけではありません

のないフォームで行うことが大事だといえるでしょう。また、もし股関節伸展筋群(脊柱起立筋、大臀筋など)の筋力向上を望む場合はスクワット以外の種目で行なったほうが効率的です。

(3) デッドリフトのフォームは？

　股関節伸展運動として「デッドリフト」は重要なトレーニングの一つであるといえるでしょう。しかし、このデッドリフトを行う際には気をつけなければならないことがあります。

　通常デッドリフト行うには、基本的にバー(シャフト)をフロアに置いた状態から始めますが(その後、体を直立姿勢とさせつつバーを挙上させていきます)、その際に注意していただきたいことは、身長によって関節可動範囲が大きく変わるという点です。
例をあげると、トレーニング初心者がデッドリフトを行う場合、バーベルに小さめのプレート(5kg以下)を使って重量を設定すれば、身長が高くその上筋力がない人ほどスタート位置が低くなってしまい、上体の過度な前傾または膝関節を過剰に屈曲させたようなフォームで行わなくてはなりません。

　それゆえ初心者がデッドリフトを行う際には、バー(シャフト)のスタート位置が低くなりすぎたりしないようプレートの下(バーベルの下)に板のようなものを置くなどの配慮が必要となります。

　逆にある程度の筋力を持っている選手であれば、大きめのプレート(20kg以上)を使うことになるので、身長の低い選手のほうがスタートの位置が高いため、上体を起こした状態でデッドリフトを行う事になるので、股関節伸展筋群の最大伸展部分に発揮する筋力がトレーニングされず、腰背部に対するトレーニング効果が若干低くなります。

プレートの大きさによりデッドリフトのスタートポジションでの膝の屈曲が違ってきます。スタートポジションが低すぎる場合は、プレートの下に板などを敷く必要があります

　このデッドリフトの例をはじめとして、トレーナーである立場の人は、選手がトレーニングを実施する場合の条件は同種目であるからまったく同じであると簡単に考えてはいけないのです。

【ここでのポイント】
1．基本的には、最大の関節可動範囲近辺までのトレーニングを行う。
2．スクワットはリスクとの関係で、完全に下までしゃがみ込まない。
3．同じ種目で同じような動作であっても、体格によって可動範囲が変わる場合がある。

コラム

運動中の水分補給はどのようにすればいいの？

　運動中に汗をかくと体の水分が失われていきます。汗をかき続けると生命維持にとってはたいへん危険な状態になります。ですので、特に暑熱環境下ではしっかりとした水分摂取が必要になっていきます。まず、効果的な水分補給の方法としては、喉が渇いたと感じる前、15~20分程度の間隔で100~200mlを摂取すること。飲む物としては、基本的には水かお茶、もしくはスポーツドリンクを2倍から3倍に薄めたものがいいでしょう。もしできれば、飲み物を冷やしておく (6~13°C程度) と腸に迅速に水分が到達して体に早く吸収されていきます。このようなことを意識して、さらには運動前後の補給も忘れないようにして水分補給をしていくとよいでしょう。

11. 間違ってませんか？ トレーニングフォームとテンポ

　いわゆる大筋群の筋肉(大腿部、胸部、背部などの筋肉)を鍛えることが、スポーツパフォーマンスの向上にとって大切であるとしばしばいわれています。そのための代表的なトレーニング種目としてスクワットやベンチプレスなどを挙げることができますが、これらの種目では、実施フォームの違いによってその効果が大きく異なってくることがあります。ここではそのことについてお話ししたいと思います。

(1) スクワット

　スクワットについては先の項目などでも述べてきましたが、ここでその方法についてあらためてご説明しますと、これは大腿部前面に存在する筋肉(筋力)のトレーニングで、バーベルなどを背中にかついで、膝、股関節をしゃがみ込むように曲げ伸ばししていきます。通常、腰幅よりやや広めのスタンス(このようなスタンスで行うスクワットを「オーソドックススクワット」といいます)でつま先の方向をやや外側に向けた形で行い、それにより大腿四頭筋全体と大殿筋などの強化に効果を発揮していきます。

　それでは、もしこのスクワットをオーソドックススクワットの時よりも足幅を2倍近く広げて行なえばその効果はどうなるでしょうか。

「スクワットであれば足幅を広げても同じことじゃないの？」という答えがかえってきそうですが、実はこの場合には少し効果が違ってくるのです。このようなスクワットを「ワイドスタンススクワット」と呼びますが、つま先をさらに外側にして(実施者を上から見た場合、足のつま先が正面に対して45度以上外側を向くように立つ)、動作を行ないます。

オーソドックススクワット　　ワイドスタンススクワット　　ナロウスタンススクワット

そうすることで、本来効果の出る大腿四頭筋全体ということから、内転筋、大腿四頭筋の中の外側広筋などの強化に効果を見せることができるようになるのです。
　とりわけこの場合、最も効果において狙いとする箇所は外側広筋にあります。実際のスポーツの動きとしては横に動く動作や、左右の切り替えし動作などのために効果的なトレーニング種目となります。
　オーソドックススクワットより足幅を狭くして立つスクワットを「ナロウスタンススクワット」と呼び、つま先を真っ直ぐ正面へ向けた立ち方をしてスクワットを行ないます。この場合、効果のある部分は内側広筋です。トレーニングにおいて注意しなくてはいけないことは、動作を横から見た時に2次元的に見た膝部分と大腿骨の付け根(大腿骨頭)を結ぶ長さが一番長くなるため、動作中の前後バランスを幅広く取る必要があることです。また、膝を前の方向に出さないで行なうと上体が自然に前傾し、ハムストリングスの介入が増加しますが、極端な場合は別として、ある程度は許容範囲と思われます。
　このナロウスタンススクワットは、前方向に走る種目やジャンプなどが入るスポーツのトレーニングに適しています。
　いずれにしてもスクワットの基本はオーソドックスなスクワットにあり、導入して半年から1年程度過ぎてから、「ワイド」、「ナロウ」を実施していくようにしましょう。

（2）ベンチプレス

　同様にベンチプレスの場合では握り幅を変えることで、鍛えることができる部位が少し異なってきます。ベンチプレスとは、ベンチプレス台の上に仰向けになり、バーベルを胸の前に降ろしてから、天井に向け押し上げるトレーニングする種目であり、基本的に大胸筋を鍛えることを目的とします。
　まずベンチプレス台の上に仰向けになり、肘を90度になるところで決めた握り幅(以下、この握りを「オーソドックス」と呼びます)で行なうと、主に大胸筋、そして二次的な効果として上腕三頭筋が鍛えられ、さらに三角筋の前部の強化にも効果があります。
　これを「ワイドグリップ(オーソドックスより、一握りもしくは二握り弱、広い握り幅)」で行なった場合では、挙上範囲がせまくなるという特徴があり、上腕骨と躯幹が作る角度において大胸筋が伸展されている近辺に重量が掛かり、結果、大胸筋の外側の強化に効果を発揮していきます。なお極端なワイドグリップでベンチプレスを行なった場合には、補助筋としてはたらく上腕三頭筋よりも上腕二頭筋の参加割合が増加します。
　このワイドグリップによるトレーニングは、腕を広げた位置で最大負荷となる動作の強化に適しており、例えば野球のピッチングの一部強化や、水泳のバタフライ、アメリカンフットボールの動作などにおける強化運動として取り入れてみるとよいかもしれません。
　ただし、その場合、オーソドックスなベンチプレスで扱う重量より重いものが扱える

第1章：筋力トレーニング（理論編）

ため、それだけ危険性をともないやすく、腱や靭帯、関節を痛める可能性もありえるので、比較的軽い重量から慣らしていきながらトレーニングを行うことをおすすめします。

　一方、ベンチプレスを「ナロウグリップ(オーソドックスよりもせまい握り幅、グリップ間隔が15cm~20cm程度)」で行なった場合はバーを挙上する範囲が広くなるという特徴があり、大胸筋の関節可動範囲中、最終収縮域まで負荷がかかります。このことによって通常よりも大胸筋の起始に近い部分(胸骨中央)の筋肉に負荷が掛かり、さらに上腕骨に掛かる負荷の方向が変わることによって胸の中央部に近い筋肉を強化する運動となります。

　また、このナロウグリップによるベンチプレスは、カバーする範囲が広くなる上腕三頭筋の強化にも効果があるといえます。この握り方による場合も比較的軽い重量から慣らしていきながらトレーニングしていくことをすすめます。

オーソドックスベンチプレス

ワイドグリップベンチプレス

ナロウグリップベンチプレス

　このような例からも分かるように、ある部分の筋肉を鍛えるためにトレーニングを行ったとしても、間違った、あるいは勘違いをしたトレーニングフォームで行ってしまうと、期待した効果が得られない場合があるので注意が必要なのです。ベンチプレスをやっていないからＯＫということにはならないのです。

（３）トレーニングにおける動作のテンポ

　あらゆるトレーニングを行う上での重要な要素としてその他に「動作のテンポ」があります。テンポとは、ウエイトが挙上、下降する際のリズム的なテンポのことです。特

にバーを下降させる時や、しゃがみ込む時に、「1、2、3」というテンポでゆっくり下ろすことが効果を生む上で大切であるといえます。

「どうして？スポーツに効果を及ぼすためにもトレーニングでは素早く下ろして素早く上げたほうが良いのではないか」と考える人も多いと思いますが、前述のように、最大筋力が上がることによって、スピード的な筋力が向上しますし、さらに前後の走行動作の切り返し時の動きや、自分の脚に自動車やバイクのサスペンションのようなショックを吸収するような動きをさせる時に、このゆっくり下ろすトレーニングが役にたちます。このような筋力発揮の仕方を、「エキセントリック収縮」といい、このテンポを意識的に保つことであらゆるスポーツの場面でパフォーマンスが変わってくるようになるのです。

その他のことは、またの機会にお話ししたいと思います。

【ここでのポイント】
1. 普段行っているトレーニング種目においても、ほんの少しの方法の変化（立つ幅、握り幅を変えるなど）によりさらに効果的にすることもできる。
2. 骨盤の幅や腕の長さなど、成長期でない限り人体のサイズは変化しない。しかし、力を加えるポジション（立つ幅、握り幅などによる）は簡単に変化させることができる。
3. 挙上する時には集中しエネルギーを使うが、さらにその後の大切な心がけとして下げる時にはゆっくりとしたテンポで行わなくてはならない。

コラム

よく足が攣ってしまいます。予防するにはどうすればいいでしょうか。

まず攣ってしまう原因としては、筋肉の疲労や準備運動不足で起きてしまうことが多いようです。運動前には準備運動、ストレッチなどを念入りに行うようにしてください。また、筋力を強化して激しい運動にも耐えられる、疲れにくい筋肉を作ることが予防に繋がります。あと運動中の急な冷却もつる原因になるので、運動中は体が冷えないように注意することが大切です。そのほかにも、水分やミネラル不足も大きな原因となります。運動中に大量に発汗した場合、しっかりと補給しなければいけません。運動前などにスポーツドリンクやバナナなどで水分とミネラルを補充しておくとよいでしょう。また普段の食事でも野菜や果物などをしっかりと摂取することを心掛けることも予防になりますので、野菜嫌いの人は注意が必要です。

第1章：筋力トレーニング（理論編）

12. 筋力データで個人の筋力理想値を目指そう

　私たちは前記の動的筋力測定装置「エリエール CES」を用いて年間約 150 団体のスポーツチーム(主に高校、大学スポーツ)の測定を行っています。また同様に、フリーウエイトの最大筋力についても同数の指導先にトレーナーを派遣しているので、そこで実施されている種目に関して我々独特のプログラムで数値を自動計算し、その分析や測定を行なっています。その膨大なデータから出てきたものの一つが以下の表です。

　この表では、各種目を分析ジャンルの項目に分け、全国平均値と比較しているデータです。指導測定先の全国平均値に対し、選手個人がどのレベルにあるのかを棒グラフで示し、各ジャンルの筋力が平均値からどれくらい優れているのか、あるいは劣っているのかを表示しています。

　下の表の中で示しているこの選手の場合、真ん中に位置する全国平均値より右側にグラフが出ており、平均よりも筋力が上回っていることが分かります。しかし、全国平均値は、一定期間に取得した数値であるので、毎年 1 年生が入部すればそれは変化しますし、さらにデータ分析の区切りが必ずあるので、それは現状の全選手と比較した時の選手個人の筋力の判断・評価ということでは満たしますが、前年度の全国平均データや、それ以前の選手と比較して評価されているわけではありません。またスポーツテストを行った時に、全国データ的な評価をしますが、そのことと「そのジャンルの評価が高くても、必ず理想値を満たしているかどうか」ということは分けて考えなければなりません。なぜならば、、スポーツテストの数値（平均）も毎月変化するからです。

　これらのことを踏まえ、私たちは選手の体重 1 kg あたりの筋力や体重に関係しない最大筋力などの評価基準を測定初期から現在までの総数値などで考慮した上で、段階的に 1 〜 10 までのランクに当てはめて、選手の皆さんが全国平均と合わせて総合的に判断しやすいように示しています。このように一つの評価が理想値を示している訳ではないことを念頭に数値を見て判断し、トレーニングを提示して(あるいは作成して)いかなければなりません。

　もう一つここでご紹介しているのが、筋力バランスを表示したレーダーグラフです。
　一番外側の線がバランスのとれた理想線を示し、どのジャンルの筋力が個人としての

全国レベルでの位置

	測定値	全国平均	差
最大筋力・ベンチ	91.20	68.77	+22.43
最大筋力・プル	67.10	56.09	+11.01
最大筋力・スクワット	167.70	132.45	+35.25
体重当り・ベンチ	1.52	1.13	+0.39
体重当り・プル	1.12	0.32	+0.20
体重当りスクワット	2.79	2.17	+0.63

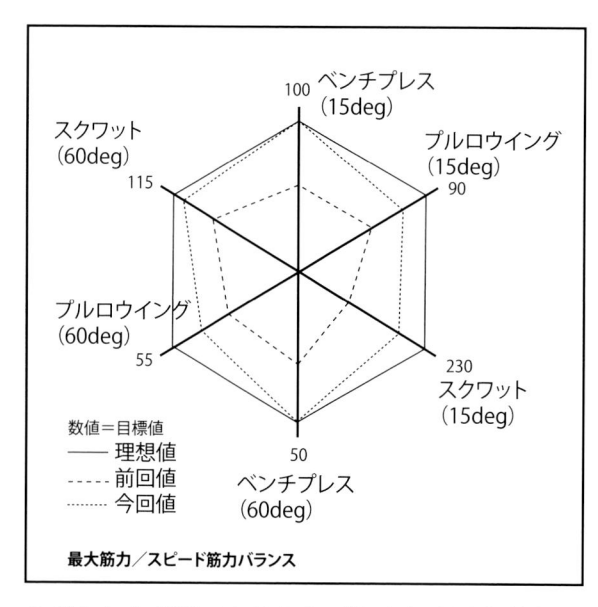

バランス上において不足しているのかということが分かるように表示されています。このグラフからはスクワットの最大筋力的評価である15deg/sの数値が不足していることが分かるので、当然バランスをとっていくためにはスクワット種目やランジ種目、ジャンピング系統の運動などを多く組み合わせてトレーニングを実施していきます。

ただし、このグラフにおいては、たとえバランスが理想的に表示されていても、それが低い位置でバランスがとれた状態であるならばあまり意味を持ちません。このようなこともあるので、すべての数値を合わせて考慮した上での総合的判断に基づく評価が大切なのです。

いずれにしても、そのチームだけとか、その地域だけというデータでは、先の予想がつきにくいので、トレーニングメニューに反映できないということです。

【ここでのポイント】
1. 筋力をいろいろなジャンルで測定し、全国的に比較検討することは大変有意義なことだが、それだけでなく個人的にみて理想値にあるかどうか検討する。
2. 筋力のバランスが取れたとしても、筋力が低い位置でのバランスであれば、取れたとはいえない。
3. 「筋力値は年々変化する」ということを前提に考える。

13. 腕立て伏せとベンチプレスでは効果に違いが！

　筋肉の強化方法として次のようなことがしばしばいわれます。
「脚の筋肉のトレーニングとして、うちの選手にはトレーニング場のマシーンでレッグエクステンション(座った状態で脚の曲げ伸ばしを行う種目)を行うように指導しているので脚の筋肉強化は十分だと思っている。だからスクワット(バーベルを担いでバランスを取りながらしゃがむ、そして立つという動作を繰り返し行う種目)を行なう必要はないと思う」
　はたして本当に、この言葉の通りでよいのでしょうか。
　確かにこの方法は、脚(大腿四頭筋)の強化のみを目指した種目としては間違いではありません。しかし、求める効果によってその実施方法や種目の選定が変わってもいいはずです。
　スポーツ競技においては、そのほとんどが、屋内でも屋外でも身体に重力がかかった状態(脊柱に負荷を感じて)で運動をしています。そしてその重力に対して体のバランスを取りながら、あるいは逆らいながら力(筋力の発揮)を出すという形になります。この時、脚の筋力の発揮は自身の体重を支えながら(バランスをとりながら)の動作になるので、体が固定された状態での脚筋力の発揮ではありません。
　その点、スポーツ競技では、このように協同で筋力発揮をする場面が多くあるということを考えていくと、単関節運動(膝関節)であるレッグエクステンションと複合関節運動(膝関節と股関節)であるスクワットを比較した時、股関節の伸展をも行うスクワット種目の方が、スポーツのための筋力トレーニングとしては適しているのではないかと思われます。
　また、この二つのトレーニング種目は動作の形態も異なりますが、トレーナーとしての私たちの実施経験上、レッグエクステンションよりもスクワットの方が、純粋に脚筋力を上げるうえで効果が高いと言う実感もあります。
　その他、上半身の代表的なトレーニングの種目の中にベンチプレス(主に大胸筋を強化します)という種目がありますが、これについて「うちのチームではベンチプレスの代わりに腕立て伏せをやっているから大丈夫」という声もよく

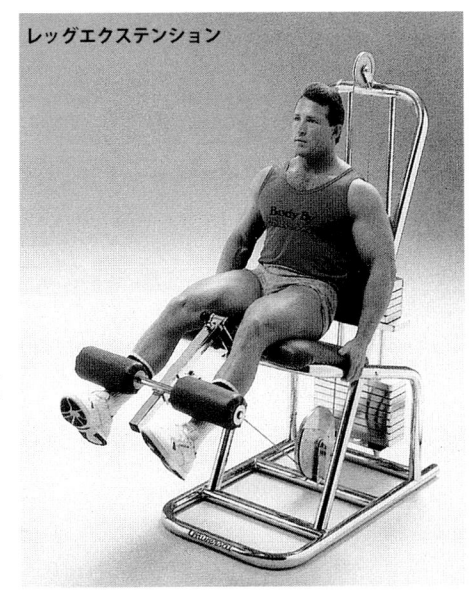

レッグエクステンション

耳にします。

　しかし、ベンチプレスという種目はベンチプレス台に仰向けに寝てバーベルの挙げ下げをする種目であるのに対して、腕立て伏せはうつ伏せの格好で腕の曲げ伸ばしを行う動作であるという違いがあります。

　またベンチプレス種目では主に大胸筋の強化を目的として、バーベルを持つ握り幅を肘関節が直角になるようにして実施するので、一般的な腕立て伏せとでは強化する部位が異なります。ただし一般的に知られている腕立て伏せは両腕の幅を肩幅と同じ幅にして行いますので、その点肘関節の曲がり角度を同じにすれば、ベンチプレスと同一筋肉部分のトレーニングを行うことができるといえるでしょう。

　しかし、一番の問題は実施する負荷の違いにあります。トレーニングにおいては、少しずつ負荷を強くしていくという法則(これを「漸増性負荷の法則」といいます)があります。その法則の観点から見てもわかるように筋肉はある一定の負荷に対して、刺激を得られなくなった時点でその成長が止まるという性質をもっています。

　その点、腕立て伏せには30RM、40RMできるようになっても、負荷を強くする明確な方法がないというのが実情です。また、現状として何kgの重量を使用しているかという点においてもハッキリしないので、目標設定や、そのときの負荷強度の目安が立たないということも欠点として上げることができます。

【ここでのポイント】
1．スポーツ強化のためのトレーニング種目は、単関節運動よりも複合関節運動を基本として導入する。
2．負荷の測れない種目は、簡易的な種目という感覚で導入する。
3．スポーツ中の動きにおいては「何かに体が固定されて」とか「軌道が一定」という場面は少ない。

14. トレーニングの順序、組み立ても大切

　トレーニングの現場では、同じ日に複数のトレーニング種目を実施する場合が多いと思います。その際、「トレーニングプログラム」または「メニュー」という形でトレーニングの実施内容を組み立てるということを行ないます。そしてその時に大切になるのが実施するトレーニング種目の順番を正しく決めていくということです。

　例えば、ベンチプレス(大胸筋、上腕三頭筋)、スクワット(大腿四頭筋)、デッドリフト(脊柱起立筋、大臀筋、背面筋群)、フロントプレス(三角筋、上腕三頭筋)、バーベルカール(上腕二頭筋、上腕筋、前腕屈筋群)、シットアップ(腹直筋)の6種目を一日でトレーニングする内容として選定したとします。この場合もっとも効果を望んでいく上では、どのように種目の順番を決めていくべきでしょうか。

　2種目以上のトレーニングにおいて、補助的に参加する筋肉が同一の筋肉の場合には、本来鍛えたい筋肉が大きい筋肉の順に行っていくことが大切です。そのような方法で行わないと、補助的な筋肉が疲れることで、本来において強化したい筋肉を鍛えるができなくなることがあります。

　例えばベンチプレスとフロントプレスの場合です。ベンチプレスは大胸筋の強化を狙いとした種目として知られていますが、補助的に上腕三頭筋が動作中に使われます。フロントプレスの場合、三角筋を主に強化しますが、やはり補助的に上腕三頭筋が使われます。バランス的な筋力を考慮して大胸筋の強化を優先的に行ないたいパターンの時、フロントプレスを先に実施した場合、補助的に使用される上腕三頭筋を疲労させてしまい、その後にベンチプレス種目で効果をあげようとしても、補助筋である上腕三頭筋の疲労のため、十分に大胸筋へ刺激を与えるまで動作ができないことがあります。これでは、目的とする筋力のバランスが取れないまま進むため理想的なメニューとはいえません。

　一日の内に6種目すべてのトレーニング種目を実施する場合は、一番始めに行う種目と最後に行う種目において、それぞれの実施時の「疲労」について考えておく必要があります。なぜなら一番始めに行う種目と、最後に行う種目とでは、その時の疲労によって発揮できる力にかなりの差が出るため、後の方で実施する種目ほど運動内容が下がってしまうからです。このことから、一日の内にすべてのトレーニング種目を実施する場合、最も強化したい筋肉部位(または筋力を高めたい箇所)に関する種目を優先的に実施する必要があるといえます。

　一方、筋力トレーニングと各スポーツのスキルアップ(技術向上)練習を共に行う上での方法にも注意を払う必要があります。しばしばスポーツの現場において、スキルアップ練習をしっかり行った後に筋力アップトレーニングを実施したり、あるいはその逆に、筋力トレーニングを実施した後にスキルアップの練習をするといったケースが見受けら

れますが、どちらを先に持ってきてもどちらの効果も最大限に得られるということはないと思われます。

　筋力トレーニングを先に実施した場合、筋力を高めたり筋肉の成長をうながすという点においては十分な効果が期待できますが、それにより激しく疲労するためその後に実施するスキルアップの練習に影響がでることがあります。

　具体的には、スキル向上の練習では動作の正確性が中心になりますが、疲労のために正確な動作の維持ができなくなったり、あるいは筋力の維持ができずに姿勢が乱れるなどの弊害が出てきます。

　逆にスキルアップの練習後に筋力トレーニングを実施すると、練習による神経の疲労から集中力を欠く内容となり、筋力を高めるための刺激が得にくくなることなどがあります。

　これらのようなことからも、筋力トレーニングと各スポーツのスキルアップの練習については時期によってどちらを優先的に実施するのかについて、よく考える必要があります。

【ここでのポイント】
1．上半身で腕を使用する種目は、腕を伸ばす時に力がいるのか、腕を曲げる時に力がいるのか判断し、同じような筋力発揮が重ならないようにメニューを組む。
2．一番最初に実施する種目がもっとも効果的である。それは一日の内にということだけでなく、一週間の最初にも同じことがいえる。
3．どの種目を先に、後にということだけではなく、スポーツの場合はスキル練習や有酸素系のトレーニングなども入ってくるので、その絡みを考えていかなくてはならない。

15. 本当に筋トレを限界までやってますか？

「最後の1回を必死になって持ち上げる」
これは筋力トレーニングを行う上で最も重要なことです。
　筋肉の成長をうながすトレーニング(筋肉トレ、筋力トレ)では、筋肉により強い刺激が与えられることにより、筋破壊が起こり、筋肉が修復され、筋肉の成長(肥大)となり、筋力アップとなります。このことは、別のいい方をすると筋破壊の程度が低ければ(十分な刺激が得られなければ)、筋肉の成長に結びつきにくく、筋力も高くはならないということです。限界回数まで行う筋力トレーニングの場合、筋肉に多少の痛みや若干の苦しさを伴うトレーニングになるため、「少しくらい痛くても、また苦しくても実施しよう！」という心の持ち方や実感が必要だと思われます。しかし、痛めてまでも、また痛めるほど行なうということではありませんので、誤解のないようにしてください。
　トレーニング実施現場において、「限界まで実施しています！」とはいうものの、「残念ながらトレーニング効果は実感できない」という選手の声を聞くことがしばしばあります。しかし筋力の向上とは、トレーニングだけに関係しているわけではなく、休養や食事(栄養摂取)などにもかなりの影響を受けるのです。もちろんトレーニングはその大切なきっかけ(筋力向上の要因)をつくる作業なので、筋力向上への貢献においてはかなりの深さを占めています。
　その点、多くの場合、この「限界までやっています！」と表現している「限界」とは、実は、本当の意味において「限界」ではない場合であることがあるのです。そもそも限界というものには「心理的な限界=(精神的な限界)」と「生理的な限界=(肉体の限界)」の二種類があると考えられます。特に、初心者(初級者も含む)は、筋力トレーニング特有の痛みを経験しておらず、上級者からすれば簡単に耐えられるようなことにも、精神的にあきらめてしまい、それを「限界」としてイメージしている場合があります。このような例に対しては「心理的な限界が浅い」という表現をしていますが、ある程度このようなトレーニングの繰り返しを行うことで精神的にも肉体的にも徐々に強い刺激に慣れ、本来目指すところの限界までの実施が可能になってきます。つまり「心理的な限界が深くなる」ということになるわけです。
　また、スポーツ初心者や、あまり激しいスポーツを行っていない人の心理的な限界は、生理的限界を100とした場合の約60％程度だといわれています。この心理的な限界を深める方法として「何のために筋力トレーニングを行なうのか」「今より上位を目指すぞ！」などといったモチベーションを高める方法を導入していくという前向きな方法もあります。
　その他、トレーニング中に「えいっ！」と気合を入れたり、あるいはより高い集中をす

ることで発揮する筋力を一時的に向上させ効果を増大させていくという方法もありますが、いずれにしても、私たち人間の心理や精神といった内面的なものは、肉体というかたちにとても現れやすいということなのだといえるでしょう。

【ここでのポイント】
1．初心者ほど心理的限界が浅いので、モチベーションを高める工夫が必要。
2．一人で行なうより、複数人で励ましあいながら、あるいは掛け声をかけながら実施してみる。
3．実施者の考え方や精神的な部分などが、体のかたちに現れやすい。

コラム

睡眠時間はどのくらいとればいいの？

「寝る子は育つ」昔から言われてきた言葉です。実はこの言葉には科学的根拠があるのです。睡眠を始めてから約1時間後（深い眠り：ノンレム睡眠）に成長ホルモンの分泌が始まります。成長ホルモンによってタンパク質の合成が高まり、トレーニングで壊された筋肉を補修し成長させます。ただし、成長ホルモンは寝ている間中出ているのではなく寝始めの時間帯だけなので、筋肉のことだけを考えるなら2～3時間寝て、トレーニングをしてまた寝るという繰り返しが効果的であるといえます。しかし睡眠は筋肉を作るためだけの時間ではありません。脳や神経、内臓を休ませるという役割もあるので高校生なら7～9時間は必要です。まとめると、睡眠は量より質なのです。明るい場所で寝る、音楽を聴きながら寝る、満腹の状態で寝るなどは質の悪い睡眠になりかねませんのでご注意を！

トレーニング
栄養
休養
睡眠
運動パフォーマンス

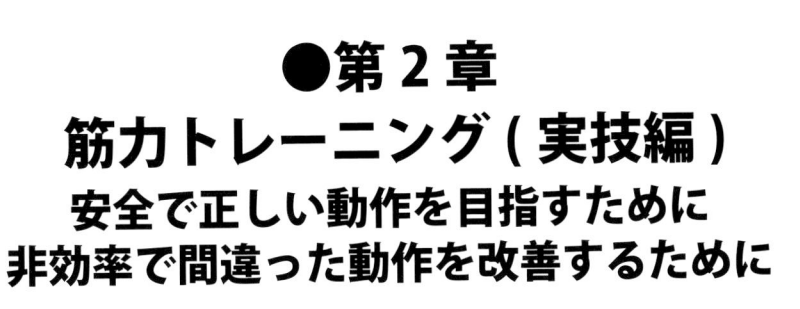

●第2章
筋力トレーニング (実技編)
安全で正しい動作を目指すために
非効率で間違った動作を改善するために

この章からは、実際にトレーニングの動作を写真やイラストを使って紹介していきます。安全で正しい動作を目指してもらう為、「正しい動作」を掲載し、更に「間違いやすい動作」は、「効果が少ない動作」と「痛めやすい動作」に分かれますが一応よくある例として代表的なものを解説しました。

　第1章で様々なテーマについて長々と論述しましたが、ここからは、最も読者のみなさんに「必要とされている内容」となります。「能書きはいいので早く実技をやりたい」という言葉が、ここまで聞こえてきそうです。

　さて、もしあなたが今よりも「もっと強くなりたい！」、あるいは今よりも「もっといい選手になりたい！」と考えているならば、私たちトレーナーはこの実技編でどんどん前に進むことを期待しています。

　「筋力を強くして何になるの？」と考えている人がいるとするならば、今一歩留まり、前章に戻って再度一読いただければ光栄です。

　現状のチーム力や個人技能に問題を感じているならば「筋力」が今以上に強くなることで、様々な身体機能やチーム力向上に大きな利益をもたらす可能性が広がると確信しています。現在、筋力トレーニングを「やっているよ！」「やっていない・・・」に関わらず、又、現時点で偶然にして「筋力がある選手も」そして、今のところ「残念ながら筋力がない選手も」更に「ケガで練習に参加できない選手も」自分を変えていこうという意識、意欲があるならば、本文のどこかで「あなたを、驚かせるヒントやひらめき！」を届けることができるかも知れません。

　本書は、読者のみなさんに現在の「筋力」を、効率よく短期間に高める為の道案内をすることを主な目的としています。筋力トレーニングを「やっているよ！」というあなたを含め、これから、「始めてみようかな・・・」と考えているあなたにとっても、最良の手引書になるはずです。

1. レジスタンストレーニングの進め方

　レジスタンストレーニング(筋力トレーニング)とは、普段よりも少し「からだに抵抗負荷（レジスタンス）をあたえること」ができれば、「体を変える」ことになる・・・とした「トレーニング」の一分野になります。

　ここでは、このトレーニングのすすめかたについて述べていきますが、目的によってトレーニング方法が異なることは、ほんの少しですが前章でお話したとおりです。

　レジスタンストレーニングで期待できる効果(トレーニングの目的)は、大きく分けて、最大筋力を高めることと、筋持久力を高めることに別れます。そのほかに、筋の収縮スピードを上げる、リハビリトレーニング、シェイプアップ、爆発的な筋力の獲得(プライオメトリクス)、等があげられますが、ここでは主に最大筋力を高めるトレーニングを主体として説明していきます。

　最大筋力を高めるには、表1にあるように、1回だけしか持ち上がらない重量を100％(最大挙上)とした場合、70％以上の重量(負荷)でトレーニングを行なった方が、効率が良いことがわかります。ここで、誤解しないでいただきたいのは、60％以下の重量で実施した場合、筋持久力の向上のみで、最大筋力は、まったく向上しないということではなくて、短期間で効果を得られるトレーニング効率を考えた選択です。現在の「筋力」を、効率よく短期間に高める為には、自分にとって適切な「重量」や「負荷」を正しく理解し、設定する必要があります。

　それでは、各ジャンル別に、以下の表1にある、繰り返し回数、筋力割合、効果についてそれぞれ具体的に述べていきましょう。

（1）最大筋力 (100%=1RM) とは？

　ここでいう最大筋力とは、どの種目であっても1回しか持ち上がらない重量を言います。ベンチプレスを例にとると50kgがやっと1回持ち上げることができたという実力だと、

最大筋力に対する割合 %	限界回数 (RM)	実施上の判断回数	主な効果	心理的な向上
100	1	1	筋力の向上（筋肥大）	大
90	5	4〜6	筋力の向上（筋肥大）	↑
80	10	8〜12	筋力の向上（筋肥大）	
70	15	13〜17	筋力の向上（筋肥大）	
60	20	18〜22	筋持久力の向上 シェイプアップ 筋収縮スピード	
50	25	23〜27	筋持久力の向上 シェイプアップ 筋収縮スピード	↓
40	30	28〜32	筋持久力の向上 シェイプアップ 筋収縮スピード	小

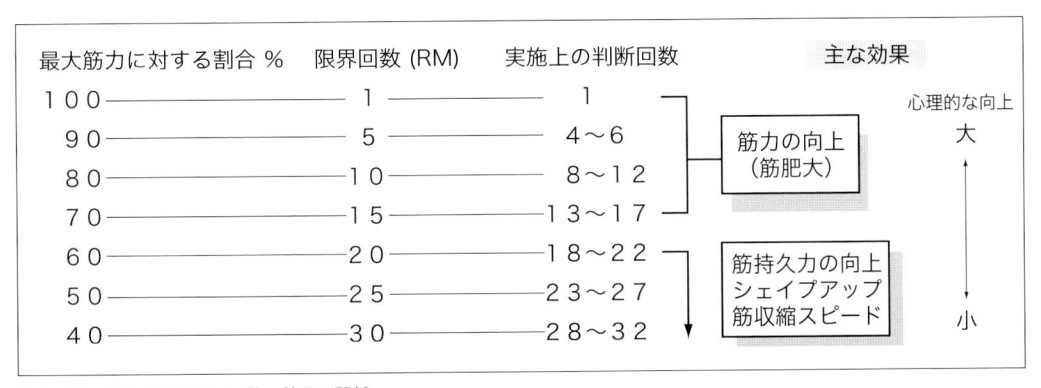

表1. 最大筋力と繰り返し回数、効果の関係

50kg=100%(最大筋力)となって、1RMと表現します。

（2）最大筋力に対する割合(%)

　1回しか持ち上がらない重量を100%として、それぞれ10%ごとに下がるように%が決められています。50kgが1回持ち上がる(最大筋力)場合、100%が50kgになり、それぞれの%重量は、90%=45kg,80%=40kg,70%=35kg,60%=30kgということになります。また、100kgが1回持ち上がる選手の場合は、100%=100kgになり、それぞれの%重量は90%=90kg、80%=80kg・・・というようになります。

（3）限界回数=RM(レペティション・マキシマム)

　重量や負荷を1回のみ持ち上げることができるとか、連続で5回だけしか持ち上がらないとかいう回数を、RMといいます。たとえば、ベンチプレスで、90kgの重量を使用して連続5回、どうにか挙上できたがという場合、90kgが5RMということになり、90kg×5RMというふうに表現します。そして、その重量が表1の関係から、90%割合の重量で、筋力の向上に効果があるということになります。

　そして、この表に当てはめれば、どの重量(負荷)を使用したとしても、限界回数(RM)さえ求めれば、それが何%の重量か当てはめることができますから、1回持ち上げることができるかどうか、という危険を避けて、推定の1回しか持ち上がらない重量(最大筋力)を計算することも可能です。そして、回数の少ないRMほど、計算で求めた数値が、実際の最大筋力(挙上重量)に近いという特徴があります。

（4）実施上の判断回数

　また、人間は機械のように、いつも同じ筋力を発揮できるとは限りません。同じ人であっても、トレーニングを行なうたびに、同重量で同じ回数ということはありません。体調の良いときは多少、繰り返し回数(RM)が、一時的に増えることもありますし、疲れ気味のときは、回数が減ることもありますから、トレーニングを実施するたびに多少のズレを計算するのは、かえって正確性を欠きます。

　このようなことからトレーニングを行なう上の便宜上の回数として、実施上の判断回数を設けてあります。この場合、4~6RMの範囲であれば90%の重量割合として、8~12RMならば80%の重量割合として判断します。

（5）主な効果＝目的

　最大筋力の何%の重量を使用するか、目的に応じて使い分けなくては、効果(トレーニング成果)を得にくいことは前記しましたが、筋力の向上のためには70%以上を、筋持久力向上は60%以下を用いてトレーニングを、というように重量を選定する必要があります。

そのためには、目的が何であるかという意識が大切となってきます。よく見られる場面として、何のトレーニングか意味もなく行っていたり、他の選手が扱う重量をまねて使用してみたり、最初は筋力向上の％重量を使用していても、強くなるにしたがって繰り返し回数 (RM) が多くなって、いつのまにか筋持久力トレーニングになっていたりということがあります。いずれも表1の主な効果を理解していないことから起こる間違いです。

但し、導入初期段階やトレーニングの習慣から離れていた場合、又、ケガから復帰する「リコンデショニング」期間においては、身体の生理的な「馴化」や「適応」への配慮が必要と思われるため、この限りではありません。

このように、トレーニングをすすめるに当たって、目的に合った負荷％とRMを理解することで、表1は大変重要となってきます。特に、自分が現在使用している重量が、最大筋力の何％の重量なのかを常に知る必要があります。そこで、例題を見本として、簡単な計算問題を実施してみてください。

＜例題1＞

A君はベンチプレス種目で70kgを10回 (RM) 持ち上げることができました。最大筋力を計算で求めなさい。

計算方法

70(kg) ÷ 80(%)= 0.875(kg) ──────── 1%あたりの重量

0.875 × 100(%)= 87.5(kg)　答え 87.5kg

＜例題2＞

B君はスクワット種目で120kgを1回 (RM) 持ち上げることができました。50％、65％、80％のそれぞれの重量を計算しなさい。ただし、それぞれの重量が、2.5kgの倍数にならない場合、最も近い2.5kgの倍数を選定しなさい。(最軽量プレートが1.25kg×2枚)

計算方法

50％の重量──── 120(kg) × 0.5　= 60　　　　　　答え 60kg
65％の重量──── 120(kg) × 0.65 = 78 ──── 77.5　答え 77.5kg
80％の重量──── 120(kg) × 0.8　= 96 ──── 95　　答え 95kg

※フリーウエイト (バーベルやダンベル) でトレーニングを行う場合、重量調節にはプレートとよばれる円盤状の重り (鉄製または鋳物) を使用します。重量の種類としては、1枚が30kg,25kg,20kg,17,5kg,15kg,12.5kg,10kg,7.5kg,5kg,2.5kg,1.25kgのものがポピュラーです。したがって、重量調節の最小単位が1.25kg×2枚=2.5kgとなりますので、計算した重量が2.5kgで割れないときは2.5の倍数に最も近い重量を選定する必要があります。

<計算問題>

① C君はベンチプレス種目で100kgを15回(RM)持ち上げることができました。最大筋力を小数第2位まで計算で求めなさい。

② D君はスクワット種目で155kgを1回(RM)持ち上げることができました。50%、65%、80%のそれぞれの重量を計算しなさい。ただし、それぞれの重量が、2.5kgの倍数にならない場合、最も近い2.5kgの倍数を選定しなさい。

コラム

部活が終わったあとのコンビニ、何を買えばいい？

　みなさんは部活が終わってコンビニに行くとしたらどんなものを買いますか？最近の購入品目を思い出してください。コーラ、ポテトチップス、メロンパン、アイスクリーム・・・。練習後はとにかく空腹感、疲労感がピークに達しています。お腹にたまるもの、甘いものが欲しくなることでしょう。そこで先に挙げたようなものに手が伸びがちですが、ちょっと待ってください。まずは激しい練習で使ったエネルギーの補給としての炭水化物。ポテトチップスよりはおにぎり、メロンパンよりはサンドイッチなどの調理パン。

　そして壊れた筋肉を修復してくれるタンパク質。コーラよりは牛乳や豆乳を。ゆで卵やチーズもあります。

　最後に疲労感など体の中のメンテナンスを行うビタミン・ミネラル。100%オレンジジュースや野菜ジュース。これらをきちんと補えるものを購入しましょう。ちょっとした工夫でトレーニング効果を引き出す栄養摂取ができるかもしれません。

2. トレーニングセット実施例

　私たちは、初心者などトレーニング実施期間が1年未満の選手を対象とする場合、1種目についてベーシックに合計「5セット程度」は実施するよう指導しています。ただし腹筋種目、リスト(手首)、ネック(頚部)、カーフ(下腿三頭筋)などを「除く」トレーニング種目があくまで対象です。また、スクワットは50%の重量を実施する前に、自重だけで(無負荷)軽く30回程度アップを行ないますし、気温が低いときはそのセット数も増加させるようにしています。扱う重量が増えれば以下で説明しているアップセットの%増加割合を小刻みに行なうので、したがって合計6セット以上となります。では、前記のベーシックな場合の説明をしていきましょう。

　下記の5セットの内訳は、前半の1、2セットを「ウォーミングアップセット」(短く言う場合は=アップセット)と呼び、3、4、5セットを「本トレーニングセット」(短く言う場合は=本セット)という言い方をします。ここでRM(限界回数)まで実施していきますので、アップセットはそれまでの準備運動的役割として実施し、本セットからがトレーニングと考えて下さい。

　実際に「筋力」を向上させる目的で行なわれる「70%のトレーニング」の内容を見て説明をすすめて行きますが、実施する前に選手個人の推定(計算上の)1RM(最大筋力)が、何kgになるか調査する(5~15RMの範囲で)必要があります。

　ここでは、仮に最大筋力=1RM=60kg=100%としています。

　例題や計算問題で学んだように、「70%のトレーニング」の場合、
① 1セット目は、最大筋力(100%)に対する割合は、共通で
・50%=30.0kg × 10回
② 2セット目は、本セット70%と50%の中間の割合である
・60%=36kg ≒ 35.0kg(2.5kgの倍数)
③ 3セット目以降は、
・70%=42kg ≒ 42.5kg(2.5kgの倍数)となります。以上の算出結果をまとめると表2のようなトレーニングにまとめられます。網掛けの部分が実施部分です。

　設定重量の4、5セット目に、「前セットで調整」とあるのは、3セット目のRM回数を

セット数	1セット目	2セット目	3セット目	4セット目	5セット目
内　容	ウォーミングアップ =アップセット	ウォーミングアップ =アップセット	本セット	本セット	本セット
最大筋力からの割合(%)	50%	60%	70%	70%	70%
設定重量(kg)	30kg	35kg	42.5kg	前セットで調整	前セットで調整
繰り返し回数	10回止め	8回止め	13~17RM	13~17RM	13~17RM

表2

実施してみた結果、42.5kgで13RMに近ければ、次の本セットを同重量で実施した場合、13RMを下回ることになり13~17RMの範囲にならないので、-2.5kg下げた40kgで実施するという意味で重量を記入していません。このように本セットが70%の指定があるメニューの場合、扱う重量を調整して実施上の判断回数のRMをキープするようにします。

　各セットのインターバル(休息タイム)は60秒~90秒程度ですが、スクワットやベンチプレスなどの大筋群を行なう場合、使用筋肉のインパクト割合が高いことと酸素消費量が多いことなどの理由から、90秒~120秒あるいは180秒程度の、本セットのインターバル(休息タイム)を取るようにします。しかし初心者の場合は扱い重量が低いということと、前章で説明しましたRMの深さ(心理的限界)が浅いので、90秒程度で充分といえます。

　このように一つの種目を1セット行なう毎に、インターバル(休息タイム)を取りながら、目的のセット数をやり遂げた後、次の種目を同じように実施していく方法をセット法とよんでいて、特にトレーニング導入初期に用いる実施方法です。

　実際に1日で行なうメニューを提示すると以下のようになります。

5種目を選定したトレーニングメニューの例

1．ベンチプレス(大胸筋)70%トレーニング＝本セット（3セット）

セット数	1セット	2セット	3セット	4セット	5セット
使用%	50%	60%	70%	70%	70%
回　数	10回	8回	13〜17RM	13〜17RM	13〜17RM

2．バーベルカール(上腕二頭筋)80%トレーニング＝本セット（3セット）

セット数	1セット	2セット	3セット	4セット	5セット
使用%	50%	65%	80%	80%	80%
回　数	10回	8回	8〜12RM	8〜12RM	8〜12RM

3．フロントプレス(三角筋)70%トレーニング＝本セット（3セット）

セット数	1セット	2セット	3セット	4セット	5セット
使用%	50%	60%	70%	70%	70%
回　数	10回	8回	13〜17RM	13〜17RM	13〜17RM

4．スクワット(大腿四頭筋)70%トレーニング＝本セット（3セット）

セット数	1セット	2セット	3セット	4セット	5セット	6セット
使用%	0%	50%	60%	70%	70%	70%
回　数	30回	10回	8回	13〜17RM	13〜17RM	13〜17RM

第2章：筋力トレーニング（実技編）

5．シットアップ(腹直筋)70%トレーニング＝本セット（3セット）

セット数	1セット	2セット	3セット	4セット
使用%	0%	70%	70%	70%
回　数	10回	13～17RM	13～17RM	13～17RM

ＲＭとは何か？　理論と実践の間にはギャップがある…

3. 超回復…休養に関して

　運動技術的なスキルの練習は、連日のように頻度を高く実施しなければ定着効果がでませんが、私達の体を変化させる(筋力を強くする、体格をよくする)というトレーニングは、1日行なったらその効果が体に定着(体が順応)するまでの数日間は休まなければなりません。

　特に我が国では、勤勉ということが尊ばれ、とかく休養というと、キツイことはしないで休む、サボルというマイナスイメージがあって、休養をとるのが下手な国民性でもあり、このことが一番イメージしにくいようです。

　当然、ここでいう休養とはトレーニング効果をもっとも効率良く最大限に、私達の体に定着させる為の時間ということです。いいかえると、次のトレーニングをするタイミングということになり、休養時間がこれ以上長くなりすぎても、短すぎても、効果が少なくなるということでもあります。

　そして、今までのいろいろな研究から、このサイクルが48~72時間であることが判明しています。以下の図は、そのことを表したものです。

　筋力トレーニングだけではなく技術的な練習や持久走、敏捷性運動、グランドに立っている時間などを考慮に入れると72時間サイクル、つまり中2日をあけた週2回(月・木)(火・金)のトレーニング頻度がベストだといえます。また、このサイクルで実施していても、夜更かしをして睡眠が不充分であったり、練習が休みの日にハードな運動やレジャーをしていればトレーニング効果は低くなってきます。つまり、休養とはトレーニング効果を最大限に得るために、次のトレーニングに対してベストな体調でのぞむ、積極的な休養ということになるのではないでしょうか。

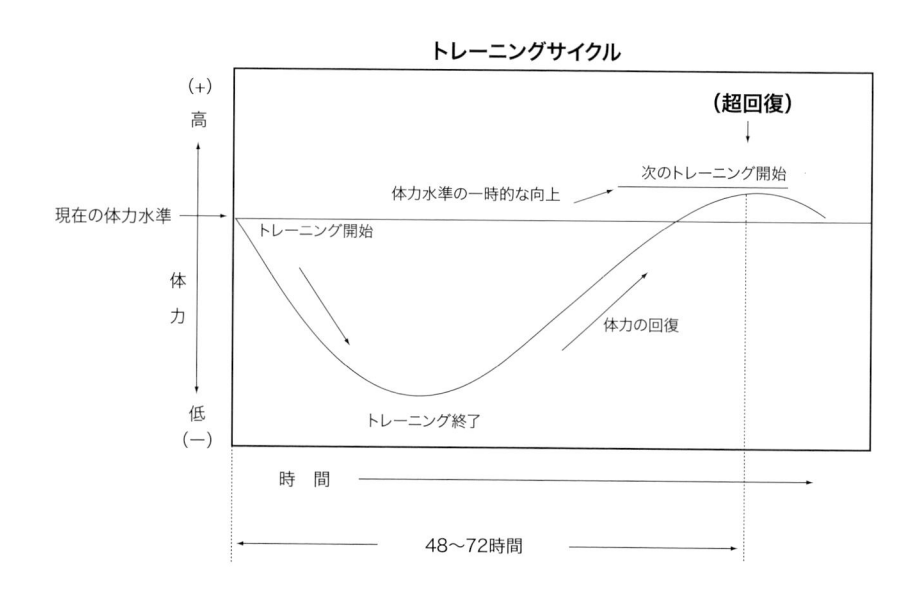

トレーニングサイクル

4. ストレッチング／準備運動、クールダウンとして

　1981年。日本語版の「ボブ・アンダーソンのストレッチング」(堀居 昭訳)によって「スタティック・ストレッチ(静的ストレッチ)」が日本において普及し始め、現在では、指導現場に広く当然のように普及しています。

　私たちがスポーツや運動を行う場合、ケガや肉離れを防止するために、あらかじめ使用する筋肉や腱、関節靭帯などをウォーミングアップさせることが重要になってきます。

　ストレッチは、運動前に使用が想定される筋肉を伸ばすことによって関節や靭帯、腱と筋肉のアクシデントを防ぐいわば「ウォーミングアップ」という目的と、体の柔軟性を高めるという2つの意味でスポーツの現場で取り入れられています。また、運動後に使用した筋肉をケアする意味でも「クールダウン」として実施されています。

　しかし最近、競技スポーツのエリート選手の間で、過去において主役であった「バリスティック・ストレッチ(動的ストレッチ)」が見直されるようになってきました。競技で使用する筋肉を直前にスタティック(静的に)で伸ばしていると、筋力の低下を招くとして敬遠され、動きのある、いわばラジオ体操的なストレッチが主流となりつつあります。また、特殊なストレッチとしてPNFストレッチという方法も広く紹介されています。それはさておき、ここで実施するストレッチはあくまで筋力トレーニング導入時期の初心者と、経験年が2年以内の選手を対象としていますので、慎重に筋肉の引き伸ばしを行なうことを前提として第1段階で実施するものです。しかも実施中のバランスを取る必要がないように、座位か床に寝て実施できるよう組み合わせています。

　それでは、簡単な実施方法や注意点を以下に記載いたします。

※ 寒い時期は筋肉が伸びにくいので、軽いジョギングなど5~10分程度行なってから実施
① 急激に伸ばすことによって起こる「伸張性反射」を防ぐため、伸ばす筋肉をゆっくりと「1cmずつ」伸ばしていくというスローな感覚で行なう。

②ゆっくり伸ばしていくと限界付近で伸ばされている筋肉に痛みが生じますが、その少し手前付近で静止し、その姿勢を「約30秒程度」保つようにする。

③心に緊張があれば筋肉にあらわれ伸びにくいので、なるべくリラックスを心がけ、伸ばすときも静止したときも呼吸は止めないように、自然におこなう。また、決して反動はつけない。

【基本 27 種目】主な使用筋肉と順番

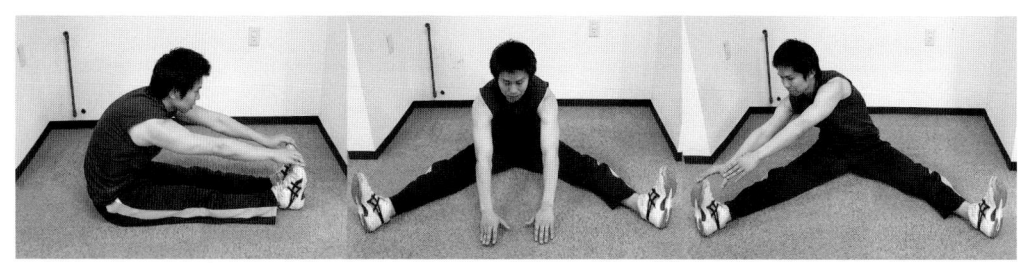

1. ハムストリングス、腰背部 ⇒ 2. 内転筋、ハムストリングス ⇒ 3. 右側、4. 左側

5. 内転筋、腰背部　　⇒ 6. 大臀筋左側、7. 右側 ⇒ 8. 上背部右側、9. 左側

10. 広背筋左側、11. 右側 ⇒ 12. 頚部後側 (僧帽筋など) ⇒ 13. 頚部左側、14. 右側

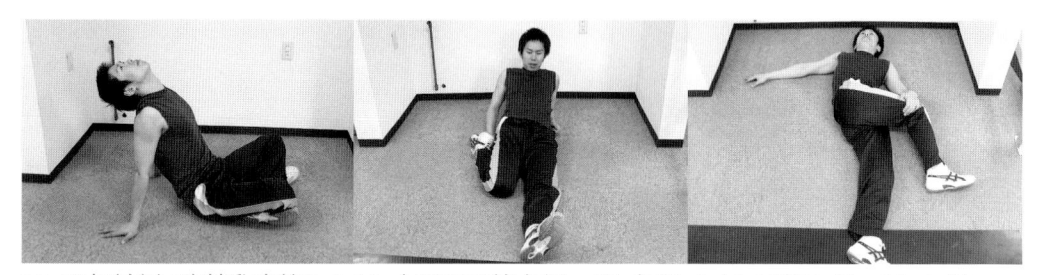

15. 頚部前側 (胸鎖乳突筋) ⇒ 16. 大腿四頭筋右側、17. 左側 ⇒ 18. 回旋右側、19. 左側

20. 腰背部、※アキレス腱　⇒ 21. 腹直筋 (腹筋)　 ⇒ 22. 外腹斜筋左側

第 2 章：筋力トレーニング（実技編）

23. 外腹斜筋右側　⇒ 24. 大胸筋、広背筋　⇒ 25. 手首、前腕屈筋

26. アキレス腱左足 27. 右足

どこの筋肉が伸びているのか？　感じることが大切なポイント

5. トレーニングベルトとシャフトの握り方

（1）正しくシャフトを握ろう（握りのバリエーション）

バーベルを使用してトレーニングする場合、必ずシャフトを握って動作しますが、それぞれの種目に合った最適の握り方があります。これを間違えると目的とする筋肉に負荷が伝えにくくなり効果が半減したり、どこかを痛めたりすることがありますので、注意が必要です。

また、シャフトを握ったときのバランスを取るために、中心から等間隔でシャフトを握るように気をつけましょう。

○ オーバーグリップ

写真のように手の甲を上に向け握る、最もポピュラーな握り方です。
(鉄棒の順手)ベンチプレス、フロントプレスやバックプレス、デッドリフトの軽い重量、リフトアップ、アップライトロウイングなどに使用する握り方です。

オーバーグリップ

○ アンダーグリップ

写真のように手のひらを上に向け、握る方法です。
(鉄棒の逆手)これもポピュラーな握り方です。
バーベルカール、リストカールなどに使用する握り方です。

アンダーグリップ

○ サムレスグリップ

写真は、サムレスグリップでベンチプレスを行っている様子です。親指の付け根にシャフト(重量)を支えるので、握りに意識をとらわれる事無く、動作を行うことが出来、鍛える部位に集中できるメリットがあります。

また、このグリップは手首が多少倒れるように握っても、シャフトの中心が手首に近づくため、手首を痛めないという特徴があり、ベンチプレスのとき使

サムレスグリップ

用すれば手首が倒れた分、シャフトが若干早く胸に着くため、動作する範囲が少し狭くなり挙上重量が増えるということがあります。但し、初心者の方には、滑りやすく多少の技術も必要なので、この方法はあまりお勧め出来ません。

○ オルターニットグリップ

グリップの強さが必要な場合、たとえばデッドリフトで高重量を行なうときに適した握り方です。

普通、シャフトから手が離れるとき、指先の方向に手のひらが開いていきます。シャフトもその方向へ回転しますので、これを左右逆の握り方をしていれば、お互いに回転する方向が逆になるため助け合い、大きな力に対応できるという訳です。大変機能的な握り方といえます。

オルターニットグリップ

○ フックグリップ

シャフトを握り、親指を内側にし、その上から人差し指と中指をストラップのように使い親指を押さえつけて握る方法です。

シャフトに指を圧着し、引っ掛けたような感じになり、握力をあまり使用せず、大きな力に対応できる握り方で、この握りは特殊な方法になるので熟練が必要です。圧着による指の痛さがあるため、初心者や女性には不向きな握り方です。

フックグリップ

（2）トレーニングベルトの説明

トレーニングベルトは、お腹に締めて装着することで腹腔内の圧力を高め、そのクッション効果で腰椎に掛かる負担を軽減し、保護をするという役割があります。

筋力トレーニング実施時は重量物を使用するため、時にフォームが崩れると腰椎に大きな負担がかかることがあり、普段の運動と違って痛める可能性があります。また、筋力が強くなるにしたがって高負荷でのトレーニングになるので、この場合も痛める危険性が増します。よく、「脊柱に負荷を感じておこなう動作でなければ、素早く動けるようにならないし、強くならない」という話がありますが、重量を用いておこなう筋力トレーニング

では、普段の運動より脊柱に負担が多くかかることがあり、ベルトの着用をすすめています。それに、私たちが行なっている動的筋力測定のデータにも、ベルトを着用してトレーニングしている選手がほとんどですが、「スピード筋力」、「最大筋力」ともに高くなっています。

このことから、初心者、熟練者に関係なくデッドリフトやスクワット、立位で重量が体にかかる場合など必ず着用をするようにしましょう。たとえ軽量でのトレーニングでも着用を習慣化する意味で、ベルトの使用をお勧めします。

装着の締め付けは具合は、呼吸するのに妨げになるよう強めではいけませんし、かといって背当て部分に上から手が入るようではゆるめとなります。適度な強さで装着して下さい。(但し、腹筋の種目では、運動の妨げとなるので、特別な場合を除き使用しません。また、マイベルトなど自分専用の用具として揃えておけばベストです)

○ ベルトの装着方法

お腹をへこませて(バキューム)、金具を前側にして、ベルトの下側が骨盤のでっぱりにあたる位置で、少しきつめに絞めて着用します。一度後ろに反り返り、保護されている感覚を確認します。ゆるい場合は、絞めなおします。ここでは、確実に保護されるように、正しく絞めましょう。(注意：苦しくならない程度に、きつく絞めます、きつく絞めすぎると血圧が上昇します)。

ベルト装着時を横から見れば、下の写真のようになります。正面画像よりは、骨盤の位置が確認しやすいと思いますが、このように着用するのが基本です。

幅広ベルト等でしなりがなく硬い場合、柱にベルトの先端を巻き、自分の体重を利用して着脱すると良いでしょう。

ベルトの着用を正面から見る

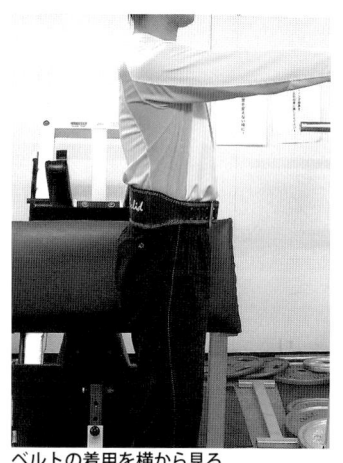

ベルトの着用を横から見る 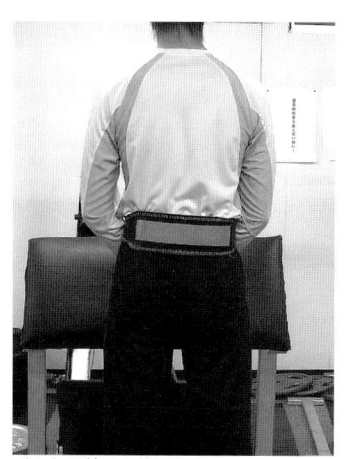　　ベルトの着用を後ろから見る 　　硬いベルトは柱などを利用して巻く

6. 初期に導入するトレーニング種目

　私たちの分野では、人間の体を動かす最も基本となる、立ち上がる(スクワット)、「押す」、または支える(ベンチプレス)、「引く」、または、「つかまる」(デッドリフト or リフトアップ)を三大筋群(それぞれ脚部/胸部/背部)の運動、または種目を3大種目といい、トレーニングの基本として必ず実施するようにしています。まずは、この3大種目のトレーニングの解説から行ないます。

（1）スクワット（狙いとする筋肉・・・大腿四頭筋全体）

動作に使用する主な筋肉
　大腿四頭筋、脊柱起立筋、大殿筋

　大腿四頭筋を鍛える代表的な種目です。走る、急なストッピング、立ち上がる、跳ぶ(ジャンプ)、蹴る(キック)など、大腿四頭筋の緊張と連動して使用される筋肉も含めて、効率よくトレーニングする種目です。

呼吸
　挙上しながら(立ち上がるとき)息を吐き、下降しながら(しゃがみ込むとき)息を吸います。

シャフトの握りと担ぐ位置
　オーバーグリップで肩幅よりやや広く左右対称に握り、首の後ろの僧帽筋に担ぐ(よく初心者では第七頚椎の突起あたりに載せる場合がありますが、痛さがある上にバランスも良くないのですすめられません)。

テンポ
　1、2、3のリズムで下降し一旦静止。1、2のリズムで挙上します。

フォーム
　スクワットラックを使用した場合、シャフトを肩幅よりやや広く左右対称に握り、シャフトの真下に入り首の後ろの僧帽筋に担ぐ。背スジを伸ばしてラックから外し、摺足で1、2歩下がりもう一度立幅を調整確認し、前を向いて胸を張り、動作を開始する。立幅は、腰幅よりやや広く構えます。動作中は、背すじを真っ直ぐにした姿勢で、膝を極端に突き

出さないようにし、担いでいる重量と体のバランスを取るように、上体を前方に傾けるようにしゃがんでいきます(動作中の前傾はあくまで自然に傾く程度とします。後ろに低い椅子があり、それに腰掛けるイメージをします)。動作が完了したら、摺足でラックの近く

スクワットの正しいフォーム

ワイドスタンス・スクワット

まで進み、背スジを伸ばしてスクワットをするように膝を曲げ静かにラックにバーベルを掛けます。

代表的に起こりやすい、悪い例
①膝を痛めるスクワットその1（膝を内側に絞る）

正面から見て、膝を内側に絞る(内側に向ける)と内転筋などを使用するので拳上しやすくなりますが、膝関節にひねりが入るため、関節内の靱帯や半月版、内外側副靱帯、筋肉の停止腱などを痛める原因になります。

特に筋力の弱い女子や、成長期の男子にこの傾向がみられますので注意しましょう。

膝を痛めるフォーム

②膝を痛めるスクワットその2（膝が前に出過ぎる）

横から見て、膝が前に出すぎた(結果的に踵が浮く)状態で行なうと、大腿四頭筋の膝周りに負荷が集中し、痛める原因になります。なお、動作中に横から見た膝位置は、屈曲したときにつま先の少し前(約5cm程度以内)になるか、あまり出ないように意識すれば修正されます。

また、アキレス腱が硬く柔軟性の無い選手は、このようなフォームとなることがあります。

③腰を痛めやすいスクワット（上体が前傾する）

脚の動作(膝の曲げ具合と膝を出す方向)は正しいが、前傾した動作でのスクワットは、重量の多くを腰で支えているので脊柱の負担が増えることと、腰部の動作範囲が大きくなることがあって、腰部の故障の原因となります。また、大腿四頭筋への負荷が弱くなり、脚部に対するトレーニング効果も低くなります。

バーベルを担ぐ前

膝が前へ出過ぎている悪いフォーム 　　上体が前傾した悪いフォーム

の段階で、何も持たずに自重だけでしゃがみ方(ヒンズースクワット)の練習をすることで、スムーズな導入が可能になります。

「スクワット」は単純な種目と思いがちですが、動作時のスタンス幅の「狭い」「広い」また、膝を曲げる角度が「大きい」「小さい」とかいうバリエーションによって、トレーニング効果の違いがあります。機会があればこのことも詳しく述べてみたいと思います。

また初心者の場合、動作のスタンス幅を、基本スタンスから外れない程度の許容範囲で、どのくらいにしたら一番自分にとって「安定するのか」「スムーズに動作しやすいのか」という点をあらかじめ調べる必要があるでしょう。なぜならば意外と柔軟性と動作は密接な関係にあるからです。

しかし、どのような理由があっても基本から大きく外れる立ち幅は論外です。

（2）ベンチプレス（狙いとする筋肉・・・・・大胸筋全体）

動作に使用する主な筋肉
上腕三頭筋、三角筋前部

大胸筋を鍛えるポピュラーな種目として既に定着しています。上腕骨を前方向に動かす為に使用される大胸筋を中心として、上半身の力を効率よくつける種目です。

呼吸
シャフトを挙上しながら息を吐き、下降しながら吸います。

シャフトの握り方
オーバーグリップで握ります。

テンポ
1、2、3のリズムで下降し、胸上でバーを一旦静止し、1、2リズムで挙上します。

フォーム
実施者はベンチプレス台の上に仰向けになる。仰向けになる位置は、ラック(ベンチプレス台のシャフトをかける部分)にシャフトに置いてある状態で、そのシャフトの位置が、実施者を上から見た場合、口のあたりか鼻のあたりにくるようにします。

動作中は後頭部、肩、腰がベンチプレス台から離れず、両足裏が地面から離れないようにする。シャフトの握り幅は、両腕を地面と平行に広げたとき、肘の関節角度が90度になるようになる握り幅を選択します。

第２章：筋力トレーニング（実技編）

ベンチプレスの正しいフォーム

73

前ページの写真のようにゆっくりと胸上にバーを(シャフト)下ろして、いったん胸上でバーを静止させます。その後、上に力強くバーを押し上げる。これを繰り返します。

　動作を終了するときは、ゆっくり確実にバーをラックにかけることとします。

　なお、動作中力つきて挙上できなくなったとき、バーベルの下敷きになることがありますので、必ず2人以上で行ないましょう。

代表的に起こりやすい、悪い例(各種目、三種類)

　上から観ると、肘が内側に倒れ、肘や手首に過度な負担(ストレス)が掛り危険です、また、肘を十分に下げることが出来ず、大胸筋にも刺激が少なくなり、効果もあまり期待できません。

　重い重量を扱うとき、手首を倒すとリストに過大な重量が掛かり手首を痛める原因となります。また、リストを倒した分、早くシャフトが胸につき、大胸筋の最大伸展を妨げるので、その分効果も薄くなります。

ひじが内側に折れる悪い例

　高重量を動かす事には有利なフォームと言えますが、動作範囲が短く、また大胸筋の下部を主体として挙上するので、スポーツに適した筋力を強化すると考えると、動作範囲をいっぱいに行なう必要があり、背中と腰をベンチ台から浮かせない普通の状態で大胸筋全体の刺激を受けることが大切です。

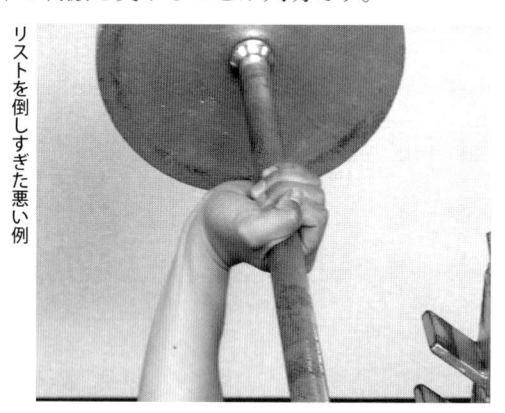

リストを倒しすぎた悪い例

背中と腰を浮かせた悪い例

　ベンチプレスに慣れてくると、高重量を動かす事のみが目標となり、無意識のうちに上記写真のようにブリッジをつくったり、胸上でバーをバウンドさせたり、挙がるかどうかの重量に挑戦して行く傾向にあります。また指導者によっては、フォームの有利性により、実力以上のベンチプレスが可能となるので、選手のモチベーションを上げるために、初心者の段階から意図的に実施する(または気付かずに実施する)タイプの方がいます。これ

はスポーツの強化として考えたとき、間違いといわざるを得ません。
　このようなことを初心者のうちから実施していると、選手のイメージ(すり込み現象)が元に戻らなくなり、正しいベンチプレスが出来なくなる可能性があります。また、正しいフォームで行なうと一時的に重量が下がるので、嫌がる選手が出てきます。その本人のためにも、指導者の独りよがりは慎み、選手を長期のスパンにわたって強化する計画性を重要視したいものです。

（3）デッドリフト（狙いとする筋肉‥‥‥脊柱起立筋下部）

動作に使用する主な筋肉
　脊柱起立筋、大殿筋、大腿四頭筋、僧帽筋(アイソメトリック的)
(動作調整のために大腿二頭筋を使用)

　脊柱起立筋(コアの一部＝後ろ側)を鍛える種目です。下半身の筋力を上半身に伝えたり、重い物を持ち上げる時の動作に使用される筋肉です。スポーツ選手の場合、特に強い力を発揮したり、速い動きや高く跳ぶ力などを獲得するために行なうトレーニング種目です。

呼吸
　シャフトを挙上しながら息を吐き、直立姿勢時に息を吸って溜めておいて下降します。

テンポ
　1、2のリズムで持ち上げ、1、2、3のリズムで降ろします。

フォーム
　シャフトに近づいて立ちます(上からシャフトを見下ろしたとき、つま先がシャフトの前に出るような位置に立ちます)。脚を曲げ、スクワットのように腰を落とし、背筋を伸ばして、オーバーグリップまたは、オルタニットグリップ(前記グリップの説明)でシャフトを握ります。
横から見て、スタート時の上半身は、直立時から斜め前方に、45度程度前かがみの状態で持ち上げ、最終姿勢近辺で上体が直立するように動作します。この時、臀部や大腿四頭筋にも力を入れるように意識します。
　なお、横から見たシャフトの軌跡は、鉛直方向に近い動きで拳上下降します。反復して行なう場合は、毎回の下降動作でバーベルを床に付けないよう床とスレスレまで(触れる程度に)降ろし、挙上動作につなげます。(タッチアンドゴー)つまり、あくまでトレーニングなので床上で重量を置いて脱力するポイントを出来る限りつくらないようにして行な

デッドリフトの正しいフォーム（正面）

デッドリフトの正しいフォーム（横）

います。

代表的に起こりやすい、悪い例 (各種目、三種類)
①上体の起こし過ぎ
　上体を起こし過ぎて持ち上げようとすると、腰や膝を痛める危険性は少ないが、スタート時の膝が深く曲がり、床から重量を持ち上げることが困難となります。また、上半身が起きた状態なので、脊柱起立筋にかかる負荷が低くなり、効果のある箇所が脚部に偏ります。

　また、本来求められる、大腿四頭筋と大殿筋そして脊柱起立筋の連動した筋肉の緊張 (コンビネーション) がうまく働かないため、高重量が扱えなくなり (力が出せない)、スポーツとしての動きにリンクしないことがあります。

②上体が前に倒れ過ぎ
　上体が前に倒れ過ぎると、腰部から重量が遠く離れるため、「テコの原理」で腰背部に大きな負担がかかることになります。反復する最初の内は正しい動作であっても、最終回数(限界) に近くなると、急にこのようなフォームになることが多く、痛める原因となります。

③背中が丸い
　スタート時にバーベルを床または地面から浮かせたところから、既に大きな負担が腰椎にかかってしまいます。腰と背中の曲がりは、正しいフォームと比べて 3~5 倍程度の負荷が腰椎ならびに胸椎に加わるといわれています。従って、かなり危険な動作となりますので、特に注意が必要です。

　初心者が無理な重量を挙げようとして、このようなフォームになることが多いようです。

上体を起こし過ぎた悪い例　　　上体が前に倒れすぎた悪い例　　　背中が丸まった悪い例

デッドリフトは、最も危険をともなう種目です。したがって無理な重量は避け、慎重に行なっていかなければなりません。特に成長期の選手に対してはトレーニング効果を求めるより、正しい動作の獲得を目指し、軽量の重さで(30回以上反復出来る)限界まで繰り返さず、練習するようにして下さい。このことによって、さらに成長したとき、フォームが既に完成されており、筋力の定着が早いばかりか、腰部を痛めることがなくなってきます。

　既に成長している選手にとっては、スポーツのパフォーマンスを上げるのに非常に効果がある種目となりますので、積極的に導入しましょう。ただし、この場合でも正確なフォームに心がけましょう。

　なお、トレーニング頻度は1週間に1回か、10日に1回の頻度で実施しましょう。

（4）フロントプレス（狙いとする筋肉・・・・三角筋前部、横部）

動作に使用する主な筋肉
　三角筋前部、横部、僧帽筋、上腕三頭筋

　腕を水平(横、前)に挙げる動作で使用される筋肉です。また腕を頭上方向から下げるときに使用される筋肉(前部、後部)でもあります。つまり同一筋肉でありながら、拮抗筋のような働きをします。

呼吸
　シャフトを挙上しながら息を吐き、下降しながら吸います。または、その逆でもよろしいですが、自然に呼吸を行なってもよろしいでしょう（要は止めない)。

テンポ
　1、2のリズムで持ち上げ、1、2、3のリズムで降ろします。

フォーム
　最初に、つま先が出るところまでバーベルシャフトに近づき、オーバーグリップで肩幅よりもやや広く握り、一気に肩の高さへシャフトを抱え上げキャッチ(この位置がスタートポジション)します。(リフトアップ参照＝後述)

　ここから腕の力でバーベルを頭上方向に押し上げますが、スタートしたら、アゴを引き、顔をまっすぐ正面に向け、顔面近くをシャフトが通過するように動作し、頭頂部まで拳上します。

　下降は、その逆の手順で鎖骨の高さまで降ろし、先程の要領で再度挙上を繰り返していきます。動作終了後は、シャフトを鎖骨の高さから、リフトアップの下降時の動作で床にバー

第2章：筋力トレーニング（実技編）

フロントプレスの正しいフォーム（正面）

フロントプレスの正しいフォーム（横）

ベルを置きます。

代表的に起こりやすい、悪い例(各種目、三種類)
①**前腕が後ろへ倒れ挙上**
　大きく頭上の後方に挙上すると、肩関節が無理な方向へとられ、肩の中の靭帯や腱、筋を痛める可能性があり危険です。

②**前腕が前へ倒れ挙上**
　前腕が前に倒れた状態で動作を行うと、体幹から重量が遠くなる軌道を通過しやすくなり、重量を前腕で受け止める事から上腕骨が捻られ、肩に不適当な負荷が加わり痛めることがあります。また、頭上前方にバーベルが上がりやすく、効果的なトレーニングとなりません。

③**グリップ幅が狭い**
　握り幅の間隔が狭すぎると、上腕三頭筋の使用率が高くなり、効果が少なくなります。また、窮屈なフォームとなり、肩を痛めやすくなります。

　実施者にとって最もバーベルを挙上する位置が高い種目のひとつです。リフトアップで鎖骨の高さまで持ち上げてからスタートする為、技術を要する種目ですし、生活習慣の中で腕を肩の高さから上方に挙上することが少ない為、習得が難しく、きつい動作になるはずです。
　なお、ベンチプレスの最大筋力に対して50~60%の割合の重量が導入初期のトレーニングの目安になります。

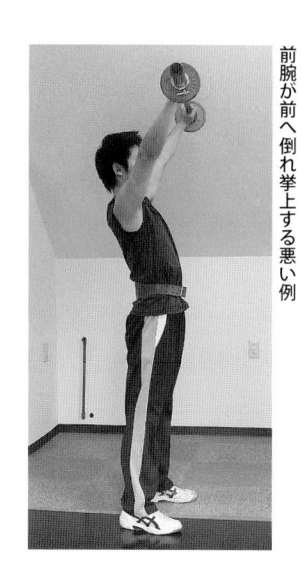

前腕が後ろへ倒れ挙上する悪い例

前腕が前へ倒れ挙上する悪い例

グリップの幅が狭い悪い例

（5）バーベルカール（狙いとする筋肉・・・・上腕二頭筋全体）

動作に使用する主な筋肉
　上腕二頭筋、上腕筋、前腕屈筋群

　肘関節を強化できる、腕の力瘤をつくる代表的な種目です。筋力トレーニングの動作の格好を表現するときに必ずこの動作を行なうことから、最もポピュラーな種目として知られています。また、テニスエルボーや肘部分に関してのスポーツ障害を間接的に予防する種目でもあるので、積極的に実施しましょう。

呼吸
　シャフトを持ち上げながら息を吐き、下降しながら吸います。

テンポ
　1、2のリズム持ち上げながら、1、2、3のリズムで降ろします。

フォーム
　つま先がバーベルシャフトから少し出るように、腰幅に立ち、膝を曲げ、腰を落とし、アンダーグリップで肩幅と同じ位で握り、背筋をまっすぐにして立ち上がります(スタート位置)。両脇をしめて腕が開かない状態にし、横から見て肘を中心に弧を描きながら、やや肘が前に行くように動作し、前腕が垂直に立つまで持ち上げます。
　そして、その逆の動作で下降させます。動作を完了させるときは、背筋を真っ直ぐにし、膝を曲げ、腰を落としてからバーベルを床に置くようにします。

代表的に起こりやすい、悪い例
①肘が横に開く
　正しい握り幅だが、肘が開いた状態で実施しています。
　肘が開いた状態で動作を行うと、シャフトが体幹の近くを通り、適度な負荷が加わらず、また上腕二頭筋の外側にしか加わらないこともあり、効果が少なくなります。

②肘の位置が後ろ過ぎる
　挙上、下降のとき肘を後方に引きながら動作すると、横から見てシャフトが直線的に挙がり、上腕二頭筋に本来の適当な負荷が掛からず、全体のトレーニング効果が少なくなります。

バーベルカールの正しいフォーム（正面）

バーベルカールの正しいフォーム（横）

第2章：筋力トレーニング（実技編）

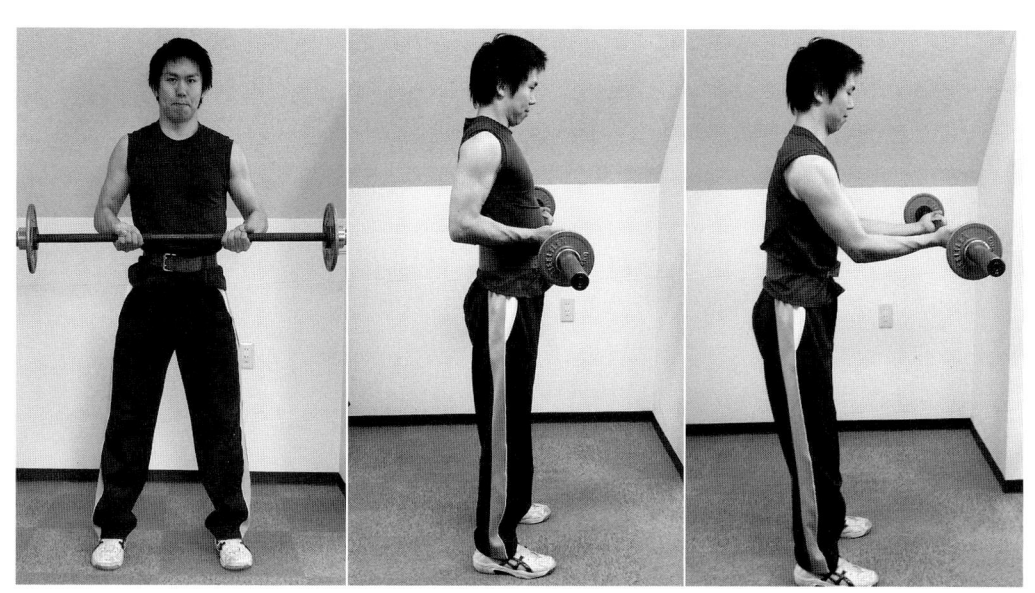

肘が横に開いた悪い例　　　　　肘の位置が後ろ過ぎる悪い例　　　　肘の位置が前過ぎる悪い例

肘の位置が前過ぎる

　腕を前に投げ出すように動作すると、重量が本来の軌道より体幹から遠くになり、肩に負荷が逃げることになって、上腕二頭筋に掛かる負荷が低下するため、効果がかなり少なくなります。

　そもそも人間は、体験した動作感覚から如何にして最小エネルギーをもって同じ作業を行なうか無意識下で動作を作り上げるものだと思います。これは、トレーニングをするための抵抗を意図的に非効率的に作り上げている「レジスタンストレーニング」＝「筋力トレーニング」の本質から外れやすいものです。このことは動作や運動を効率的に行なうスポーツ選手の感覚に合わず、したがって効率的にトレーニング動作を行いやすく、そのことがフォームの乱れとなって効果が得られないということにつながります。では、筋力を高くするにはどのような動作をすれば良いか？より大きな抵抗が安全に体にかかる方法はないかということを考えてみてください。動作の乱れ(悪いフォーム)が多くある種目でもあるバーベルカールは、その感覚を知る最良の種目かもかも知れません。そのことがフリーウエイトトレーニングの醍醐味です。

（6）シットアップ（狙いとする筋肉・・・・・腹直筋）

動作に使用する主な筋肉

　腹直筋、内外腹斜筋、

シットアップの正しいフォーム

　股関節を伸展させる脊柱起立筋、大臀筋の拮抗筋にあたり、コアの前側を占める重要な筋肉を鍛える種目です。スポーツ選手でこの部分の筋肉が発達していないものはいないというくらい動作で使用されており、背筋群(股関節伸展筋)とともにハードな役割を担っています。

呼　吸
　起き上がりながら息を吐きます。後ろに倒れながら息を吸います。

テンポ
　1、2のリズム起き上がり、1、2、3のリズムで上体を後ろに倒します。

フォーム
　腹筋台(アブドミナルボード)または床に仰向けに寝て、膝を曲げた状態(90度程度)をつくります(アブドミナルボードを使用する場合は膝を曲げる三角形の膝当てを使います)。
　写真のようにパートナーがいる場合は、実施者の膝を抱えるように持ちます。
　両手の握り拳を側頭部にあて、反動をつけないように上半身を胸側から巻き込むように起き上がります。起き上がった状態から背中を丸めて、腰の方から徐々に背中を床に降ろし、床(ボード)に背中の三分の二程度つくまで降ろしたら、また起き上がります(完全に寝ないようにします)。

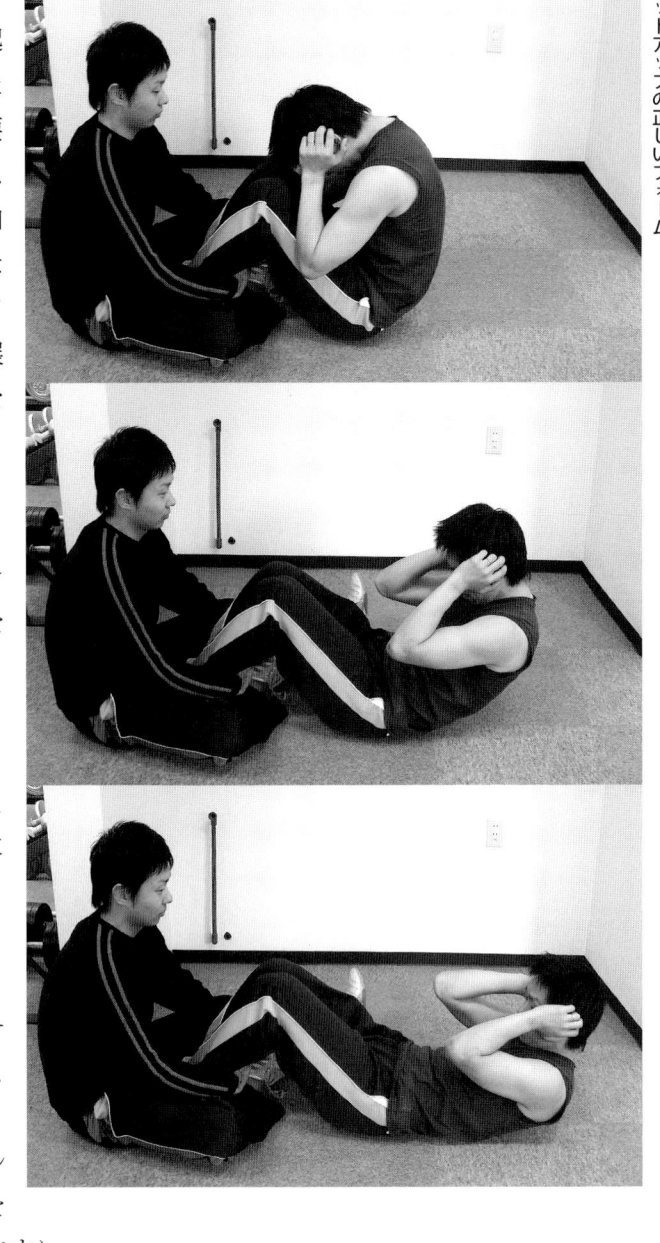

代表的に起こりやすい、悪い例
①背筋が伸びている

動作中に、背中を伸ばすと背筋も緊張しやすく腹筋との拮抗作用で脊柱に掛かる負荷が増えることとなります。このような場合に腰痛を起こすことがあるので、腹筋が緊張したときは腰への負担を逃がす意味で、背中を丸め気味に行ない、写真のように背すじを伸ばさないようにしましょう。

背筋が伸びている悪いフォーム

②床が触れている

脱力するように、背中を完全に床までつけて休みながら動作を行うと、筋肉の緊張が持続されず、効果が少なくなります。

③お尻を浮かせてしまう

起き上がるときお尻を浮かせ、お尻を強く床に打ち付けるように反動をつけ動作をすると、やはり腰に過度な負担となるので危険です。

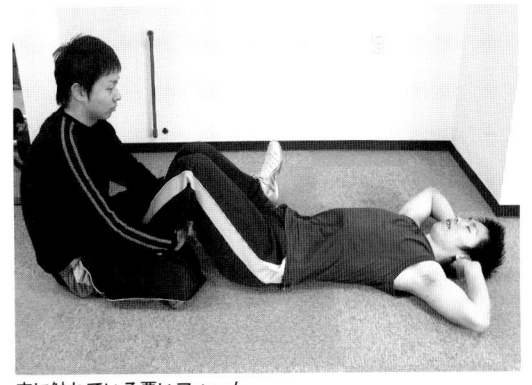

床に触れている悪いフォーム

腹筋運動動作では、意外にも腹直筋が広範囲に使われません。それは、その筋肉の起始、停止をみればあきらかです。床に寝た状態では、起きはじめの30度程度に使用され、それ以降は、主に腸腰筋とそれに関連する大腿直筋などが収縮することによっ

お尻が浮いている悪いフォーム

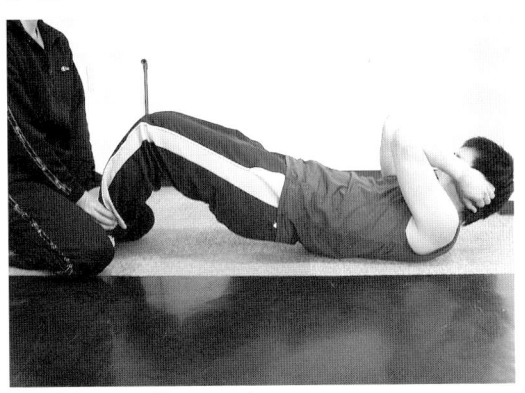

て動作が行なわれています。したがって、腹筋運動の中間位までで、腹筋をトレーニングする種目は充分という方もいますが、それ以降は収縮できないだけで、アイソメトリック的に(筋の長さが変わらずに収縮を持続)使用されているので緊張を長くするのに完全動作は有効です。また、スポーツの動作を考えたとき、腹直筋と腸腰筋、大腿直筋の協同作業で行なわれていることが多く、有意義となりえます。そして、何より私たちの感覚が何故か完全動作を望んでいることもあげられます。

（7）リフトアップ（狙いとする筋肉・・・脊柱起立筋・主に下部）

動作に使用する主な筋肉

　脊柱起立筋、広背筋、僧帽筋、大腿四頭筋、下腿三頭筋、上腕二頭筋、三角筋など

　スポーツ選手の強化運動といえばリフトアップ(ハイクリーン)といわれるくらいに広く行なわれています。この種目は特殊性があり、ポジスタートのうえ素早く加速をつけることによって動作が成立します。パワーという概念に一番近い種目でもあります。

呼吸

　最初のスタート時だけ、しゃがんだ位置で息を吸い呼吸を止め、重量を挙げながら息を吐いていきます。重量を下降させるときに息を吸い込んでいきます。2回目は下で吸い込んだままキープし、挙げながら吐いていきます。

テンポ

　床から勢いをつけ素早いタイミングで(瞬間的に)挙上します。下降も素早いタイミングで行ないますが、挙上時よりややゆっくりとしたテンポで行ないます。

フォーム

　デットリフト(前述)のスタート姿勢から、素早いタイミング(瞬間的に)で挙げるよう

リフトアップの正しいフォーム

イメージし、背筋を伸ばし姿勢よくシャフトを体の近くを通過させるように肩まで挙上します。真下に落下させるようにし、床につく直前に急ブレーキをかける様に置きます(床に着けないようにギリギリで行う方法もあります)。この一連の動作を繰り返していきます。横からシャフトの軌跡を見れば、ほぼ鉛直線上に挙上下降するのがベストです。

代表的に起こりやすい、悪い例

①腕の力でシャフトを返そうとしている(瞬間姿勢)

　初期段階においてよく見られる動作です。基本的に下半身の筋力を上半身、更に上肢の末端部位へ伝える種目であることを理解しましょう。従って、写真の動作は「脚が使えていない」と思われます。

　動作初期の段階で手首を必要以上に上に向けてシャフト返そうとすると、横から見てシャフトが半円を描くように挙上され、直線的な挙上が出来ません。このことからリフトアップ一連の動作の筋肉使用の収縮タイミングがバラバラになり、運動ロス(挙上ロス)が起きるので、重量が挙がらないばかりか狙いとする筋肉に効果が薄くなります。

②背中が丸くなっている

　腰を丸めて引き上げようとすると、大きな圧力(通常の3~5倍程度)が腰椎に加わり、非常に危険です。素早く行う種目なので、このことからも特に注意しましょう。

③上体が反っている

　抱え挙げたシャフトの返しと同時に、重量を支えるため脚を曲げ中に体を入り込むタイ

腕の力で返そうとしている悪い例 　　背中が丸くなっている悪い例 　　上体が反っている悪い例

ミングがずれたパターンです。また、背筋部分だけで挙上しようとした場合にも同じようなフォームとなります。高い位置でキャッチしているため、保持が難しいうえ後ろにバランスを崩しやすく危険なフォームです。

　技術とスピードを要する種目であるため、習得に時間がかかると思われます。上半身と下半身を連動させる全身のトレーニングで、冒頭の説明にもあったように競技スポーツの動きに直結しやすい動作になります。呼称が「ハイクリーン」「パワークリーン」「クイックリフト」等呼ばれていますが、私たちは「リフトアップ」と呼んでいます。

（8）レッグレイズ（狙いとする筋肉…主に腹直筋下部）

動作に使用する主な筋肉
　腹直筋下部、腸腰筋、大腿直筋

　サッカーなどボールを蹴る動きに対して特に関係します。腸腰筋の使用率も高く、下腹部近辺の腹筋下部を鍛える種目です。

呼吸
　脚を上げるとき息を吐き、脚を下げるとき息を吸いま

レッグレイズの正しいフォーム

す。

テンポ
1・2のリズムで上げ、1・2・3リズムで下げます

フォーム
　両脚を閉じて、膝を少し曲げた(伸ばしているときよりも30度くらい)状態を保ちながら、脚を挙上します。このとき横から見ると、脚が半円を描くように、腰が自然に浮くところまで上昇させるようにします(目安として、つま先が目の位置まで)。下げるときは、上げるときと同様に膝を少し曲げた状態を保ちながら逆のフォームで下げて行きます。膝は動作中は、曲げません。

　フラットベンチ台などで行う場合、頭部下あたりのボードを両手で引きつけるようにして保持し、上半身の固定を保ちます。

　写真は、仰向けでパートナーを頭の方に立たせ、実施者が足首を持って固定する方法です。

代表的に起こりやすい、悪い例
①足が伸びている
　脚が伸びた場合、下降時の最終近辺動作近辺や挙上時のスタート近辺で腸腰筋が引き伸ばされるため、脊柱にズレるような負荷がかかり腰部を痛めることがあります。これを最低限にするため、膝を曲げるようにします。

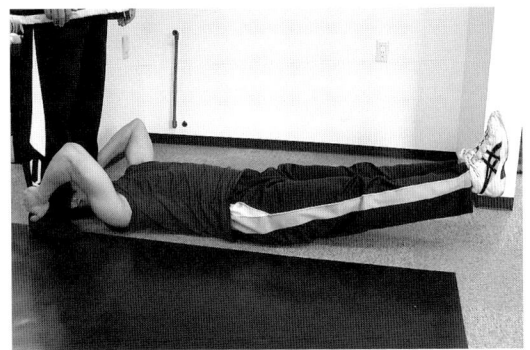

脚がのびている悪い例

②途中で膝が曲がる
　脚を挙上する途中で必要以上に膝が曲がって行く。危険性は無いが、効果が薄くなります。

　腹直筋下部をトレーニングする種目なので、サッカーのキックで起こるスポーツヘルニアを多少なりとも防止することができるといわれています。ただし、この種目だけでは不十分で、大腿部の前面の筋肉の(大腿四頭筋)ストレッチを同時に行ない、直

挙上途中で膝が曲がる悪い例

立位で脚を挙上するニーアップも行なうようにすると良いでしょう。トレーニングで筋肉が強くなることによる自然のバネ効果でキックの衝撃を和らげ、同時にストレッチで柔軟性が増した筋肉は急な引き伸ばしに耐えられるようになり、効果的となります。

（9）クランチャー（狙いとする筋肉・・・主に腹直筋上部）

動作に使用する主な筋肉

　腹直筋上部、腹直筋中央部

　通常のシットアップでは、腸腰筋の介在が避けられないが、腹直筋そのものを強化するのに、適した種目です。また、軽度の腰痛のとき、腸腰筋が緊張しないで腹筋が行なえるため、リハビリの意味でも実施できます。

呼吸

　息を吐きながら起き上がり、下げながら息を吸います。

テンポ

　1・2のリズムで起き上がり、1・2・3のリズムで下げます。

フォーム

　台上に(または椅子の座る部分に)両足首と下腿三頭筋部分をのせ(膝の曲げ角度が直角より浅めの110度程にして)、パートナーが

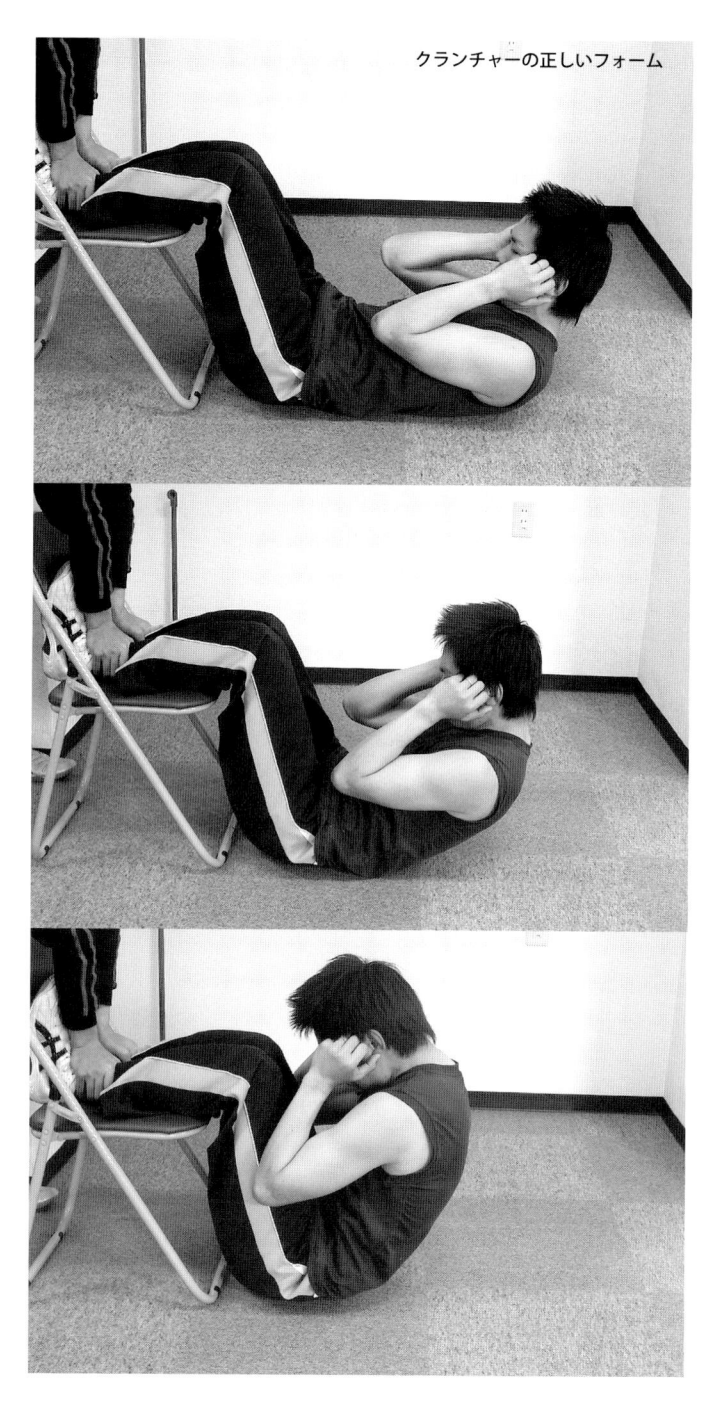

クランチャーの正しいフォーム

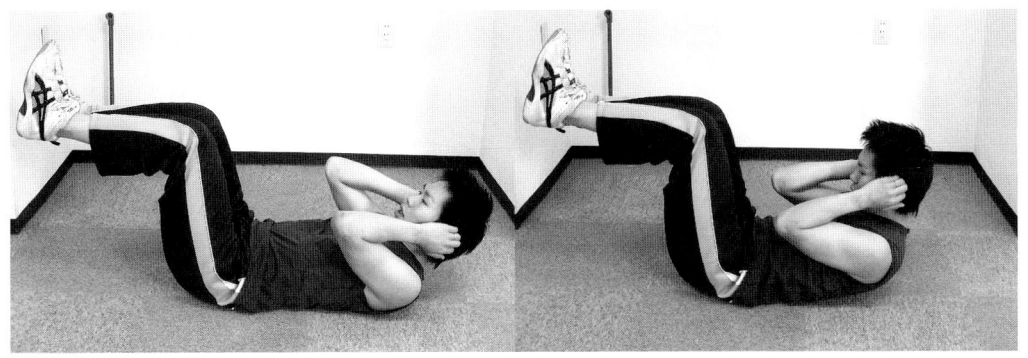

脚を空中において行うフォーム

足首を押さえ、実施者はシットアップの要領で、自分の膝に胸が近づく程度まで背中を丸めながら起き上がり、起き上がれるところまで挙上したら上体を後ろにゆっくりと下降させて行きます。再び脱力することなく起き上がります。

代表的に起こりやすい、悪い例 (各種目、三種類)

①脚が伸び気味になる

クランチャーは、腸腰筋の緊張が少ないという特徴があるが、脚を伸ばして行なうことによって、緊張が強くなり腰痛になる可能性がでてきます。

脚がのびている悪い例

② 膝の曲がり角度が深い

必要以上に膝が曲がることによって、臀部が椅子の中に入り込み気味になり、起き上がり動作ができなくなることから、浅くなり効果が薄くなります。

膝の曲げる角度が深い悪い例

③膝に肘がついて動作が不完全

動作の起き上がり最終姿勢で、肘が大腿部に着いて動作の制限になり、効果が薄くなります。

動作が不完全な悪い例

腰痛がある実施者や腹筋が極端に弱い初心者向けに実施できる種目です。また、成長期の選手を対象とした場合に腰部に負担が掛からないので適しています。

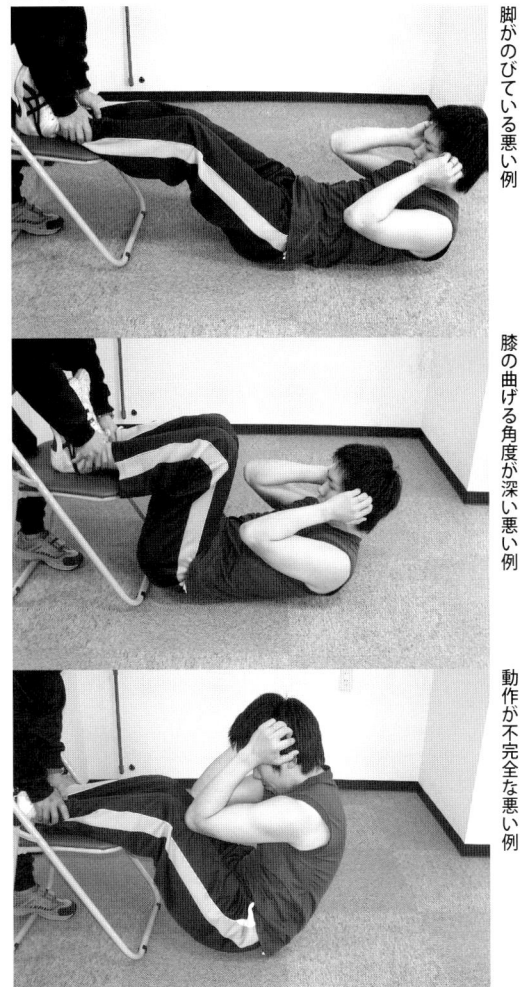

（10）フォワードランジ（狙いとする筋肉・・・大腿四頭筋）

動作に使用する主な筋肉

　大腿四頭筋、(歩幅を広げた場合、大臀筋、大腿二頭筋)

呼　吸

　しゃがみながら息を吸い、立ち上がり戻るとき息を吐きます。

最初の構え

　腰幅よりやや狭く、つま先を平行にして立ちます。基本的に自重または、軽量で行います。

テンポ

　1 で前にステップ、2・3 のテンポで腰を落すようにしゃがみ、1、2 で前にステップした足で床を蹴るようにしてスタートの姿勢に戻ります。

フォーム

　最初の構えの中心線より、やや内側に切れ込む (10 度程度) ように片足を前に踏み出し、衝撃を吸収するように足の裏全体で和らげるように着地します。両脚を曲げて腰を下げるようにしゃがみ込み、体を沈めていきます。このとき膝が十分床に近づくまで、しゃがみ込みます。後ろの足は、つま先立ちをするように踵をあげ、両膝双方を内に絞り込むようにします (動作中は常に上体を真っ直ぐ保持します)。立ち上がるとき、前側の脚を強く蹴

フォワードランジの正しいフォーム（横）

第2章：筋力トレーニング（実技編）

フォワードランジの正しいフォーム
（正面）

り元の位置まで戻り、この動作を左右交互に繰り返します。

代表的に起こりやすい、悪い例 (各種目、三種類)
①上体を前に突っ込みすぎる

　脚の種目であるため、スクワットをイメージし上体を前に倒しすぎることや、脚筋が不足し、腰部筋力に頼るために前傾することがあります。この場合、大腿部の膝周りのみの刺激となり、また、腰部にも不適当な負担があるため効果が薄くなると同時に、重量を使用している場合、腰部を痛める可能性があります。

②後ろにそったような姿勢

　前に踏み出した状態から、焦って元の姿勢に戻ろうとするために気持ちだけ後ろに行く

上体が前に突っ込んでいる悪い例　　後ろに倒れている悪い例　　膝が割れる悪い例

93

が、足がついていかないことにより起こります。また、楽に動作しようとして行なうとこのようなことになる場合があります。いずれにしても、トレーニング効果が薄くなるばかりか、後方にバランスを崩しやすくなるので危険です。

③膝が割れる
　動作を前から見たとき膝が左右に(外側に)割れることがあります。膝に捻りが入って曲げられるため、膝の靭帯や腱を痛めやすくなります。また、動作も不完全になりやすいし、バランスを崩しやすいので、危険がともないます。

　走る動作に近いため、陸上競技者のあいだで実施されることが多い種目です。しかし、若干の腰痛がある選手で脚筋力を強化したい場合に有効な種目であり、足の運びが近いことからサッカー選手や野球のピッチャーの強化運動としても向いている種目です。左右の筋力差がある選手でバランスをとるのに有効ですが、その場合には片足だけで実施することになります。

　私たちが、ある程度の期間、トレーニングをしていて特に後れを感じる部分が「肩」であることは共通の認識ではないでしょうか？その理由が東洋系特有の遺伝子によるものなのか、はたまた長い間の生活習慣を起因とし脳に摺り込まれた部分的なトレーニング嫌い??なのかは別にして、いまある現状を考慮し筋力バランスをとるためには、多角的な種目を行なう必要があります。初心者を脱しかけた方や、既にトレーニング経験がある方むけに、以下の3種目を記載いたします。

(11) バックプレス（狙いとする筋肉・・・三角筋・主に前部）

動作に使用する主な筋肉
　三角筋、僧帽筋、上腕三頭筋

呼　吸
　挙上しながら息を吐き、下降させながら息を吸います。または、その逆でもよろしいです。

握り幅
　肩幅より握り拳1つ半か2つ分の広めの握り幅でシャフトを握ります。

テンポ
　1、2、のテンポで挙上し、1、2、3のテンポでバーベルをゆっくり下降させてシャフ

第2章：筋力トレーニング（実技編）

バックプレスの正しいフォーム（正面）

バックプレスの正しいフォーム（横）

トが肩に着くか着かないかの状態で、再び挙上します(タッチアンドゴー)。

フォーム

　床にあるバーベルシャフトに近づき、腰幅と同じ程度かやや広めの脚幅で立ちます。肩幅より握り拳1つ半か2つ分の広めの握り幅でシャフトを握り、一旦リフトアップの挙上動作を利用して鎖骨までシャフトを挙上し、頭上を通り越すようにシャフトをかかえ挙げ首の後ろ、肩の上でシャフト(重量)を支えるように構えます。このかかえ挙げ動作で、シャフトの握り幅をリフトアップ用に狭く握り、肩の後ろにバーベルをかかえ上げてから、握り幅を調節してもよろしいです。

　また、スクワットラック(台)を利用してバーベルを肩の後ろにかかえ上げてもよろしいです。

　ここから、バーベルを頭上に向かって後頭部からほんの少し離れた(3~5cm)軌道位置を通るように、また後頭部に沿うように挙上していきます。

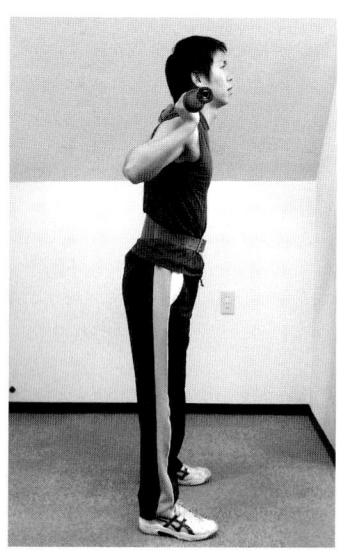

代表的に起こりやすい、悪い例

①スタート動作近くで前腕が倒れる

　スタート姿勢で肩にバーベルを担いでいるので、肘が後ろに引かれやすく、前腕が倒れた状態でプレス動作を行ないやすくなります。このような動作では上腕骨が外旋する方向に負荷が掛かるため、肩内部の小さな筋肉を傷めやすくなります。また、初心者などが軽量で行なうときに負荷が軽いため、痛めるというところまでいかなくても、三角筋に的確に負荷がこないのでトレーニング効果が薄くなります。この種目は三角筋前部を狙いとしておこなうが、このような場合、実施者の感覚としては三角筋後部に刺激があるように感じるようです。極端に握り幅が狭いと関節可動範囲の制限により、このようなフォームになりやすくなります。

スタート近くで前腕が倒れる悪い例

②後ろに挙上するフォーム

　肩にバーベル担いでいる関係上、後ろに挙げるという意識が強すぎるためにこのような最終姿勢になることが多くなります。これも肩内部の筋肉や靭帯、腱などに好ましくない負荷がかかるので避けるべきフォームです。

後ろに挙上する悪い例

バックプレス(別名、プレスビハインドネック)はバーベルを担いだ位置からスタートする種目で、回数動作限界の下降位置でテンポや呼吸を整えたりできる種目です。
　しかし長い間、下降位置で休んでいればトレーニング効果がなくなることもありますので、あくまで限界の回数まで実施するための方法として取り入れるべきでしょう。それとこれは、中級者用のフォームになり今回説明をしていませんが、挙上回数に限界がきたら膝の反動(伸展)を利用して持ち上げ、下降時にゆっくりと動作しエキセントリックを重視するという方法(チーティング)を用いることができる種目です。
　また、次に説明のあるアップライトロウイングやベントアームサイドレイズなどと比較した場合、フロントプレスと同様に上腕骨が外旋されて動作が行なわれる肩の種目でもあり、三角筋の前部に効果があることと、三角筋の収縮度合いで比較的に収縮した位置まで負荷が掛かるということから、三角筋上部に関してもある程度の効果が期待できる種目です。

(12) アップライトロウイング（狙いとする筋肉・・・三角筋・主に横部）

動作に使用する主な筋肉
　三角筋、僧帽筋、上腕二頭筋

呼　吸
　挙上しながら息を吸い、下降させながら息を吐きます。または、その逆でもよろしいです。

握り幅
　シャフトの中心を両手で握った場合、拳1つか2つ分の間隔を空ける程度の握り幅で、手の甲が前から見えるように(オーバーグリップ)シャフトを握ります。動作中の自然なリストの角度を保つため、ストレートバー(通常のシャフト)だけでは無くカーリングバー(EZバー、Wバー)を用いてもよろしいです。

テンポ
　1、2、のテンポで挙上し、挙上位置で一旦静止し1、2、3のテンポでバーベルをゆっくり下降します。

フォーム
　プレス種目と同じように、床にあるバーベルシャフトに近づき、腰幅と同じ程度かやや広めの脚幅で立ちます。先程の握り幅で腰を落してシャフトを握り、腰の高さまで一旦リ

アップライトロウイングの正しいフォーム（正面）

アップライトロウイングの正しいフォーム（横）

98

第2章：筋力トレーニング（実技編）

フトします。

スタート位置

やや体を前傾させ、横から見て鉛直方向に(水平に＝アップライト)体からあまりシャフトが離れていないところを通過するように挙上します。このとき常に肘が手首をリードするように意識して挙上を行ないます。一旦上で静止して、挙上動作よりゆっくりとしたテンポで、同じ軌道を戻っていくように逆の動作でバーベルを下降させます。スタート位置に戻ったら再び挙上します。

なお、ストレートバーを用いて行なう場合は、スタート時以外の動作中はグリップをややゆるく握って手首の角度が自由になるようにしてストレスを緩和させるようにします。

代表的に起こりやすい、悪い例

①肘の高さが先行(リード)しないで手首が先に挙がる

三角筋に刺激をあたえトレーニング効果をあげるためには、グリップを含めた前腕部を意識せず(力まず)肘の部分を先に挙上するよう意識して行ないます。写真のようなフォームの場合、上腕二頭筋の収縮割合が多くなり、バーベルカールに近い動きとなって三角筋の収縮割合が下がり、効果が薄くなるばかりか手首や肩に不適当なストレスがかかりやすく、その部分を痛める可能性があります。

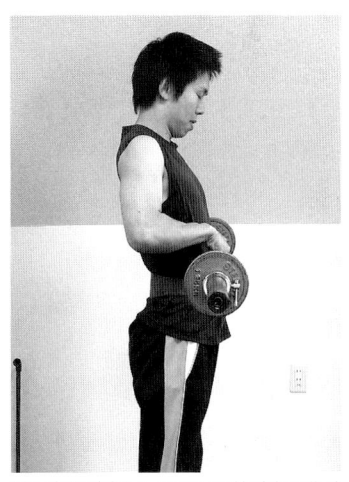

②挙上時に後ろに上体を倒すフォーム

無理な重量を用いて行なうと、このような動作になりやすくなります。また、適切な重量であっても限界回数近くなると、疲労で筋力が一時的に低下するため、背筋を使用して挙上しようとして(反動挙げ＝チーティング)このようなフォームになることもあります。状態を反らせて行なうと腰部を痛めることもあるし、狙いとする筋肉に的確に負荷を集中し効果をあげられないので、他の部分の筋力(筋肉)を使用しないで行うよう動作した方が効果的です。

特に初心者の時期は、あおりや反動を使わないようにあえて軽量で正確なフォームを意識してトレーニングを行なうようにしたいものです。

肘の高さが先行しないで手首が先に曲がる悪い例

挙上時に後ろに上体を倒す悪い例

③挙上するにしたがって肩を窄めるフォーム

この場合も無理な重量を用いて行なうと、このような動作になりやすくなります。また、適切な重量であっても限界回数近くなると、疲労で三角筋の筋力が一時的に低下するため、僧帽筋を使用してこのようなフォームになることもあります。
　どこかを痛めることはあまり無いが、三角筋の収縮割合(運動量)が低下し、効果的でないフォームとなります。重量を増やしていくことは大切ですが、あくまで正確なフォームを心がけて下さい。

肩を窄める悪い例

　三角筋横部を狙いとしたアップライトロウイングは、動作が難しい種目の一つです。的確に筋肉を使用するコツは、前腕部は「バーベルを握っているのだけど、肩に負荷をあたえるための紐のようなもの」という意識で行い、肘の部分を常に意識して先に挙上するよう、また、なるべく遠くに肘を挙上するよう意識して動作すれば正確なフォームとなって効果的です。
　上体を後ろに倒さないようにするには(背筋&腹筋の使用を低くする)、挙上する動作とともに、ほんの少しだけ前に上体を出すように行ないます。
　先のプレス種目と比較すれば上腕骨がやや内旋された状態で動作が行なわれる肩の種目であるという特徴とともに、上腕三頭筋ではなく上腕二頭筋を補助筋肉としていますので、三角筋が一つの種目でオールアウトしない場合、補助筋の切り替えをすることによって、より高いレベルまで多角的に刺激をあたえることができるので効果的です。

(13) ベントアームサイドレイズ (狙いとする筋肉・・・三角筋・主に横部)

動作に使用する主な筋肉
　三角筋、僧帽筋、上腕二頭筋

呼　吸
　挙上しながら息を吸い、下降させながら息を吐きます。または、その逆でもよろしいです。

テンポ
　1、2、のテンポで挙上し、挙上位置で一旦静止し1、2、3のテンポでゆっくり元に戻るよう下降させます。

第2章：筋力トレーニング（実技編）

ベントアームサイドレイズの正しいフォーム（正面）

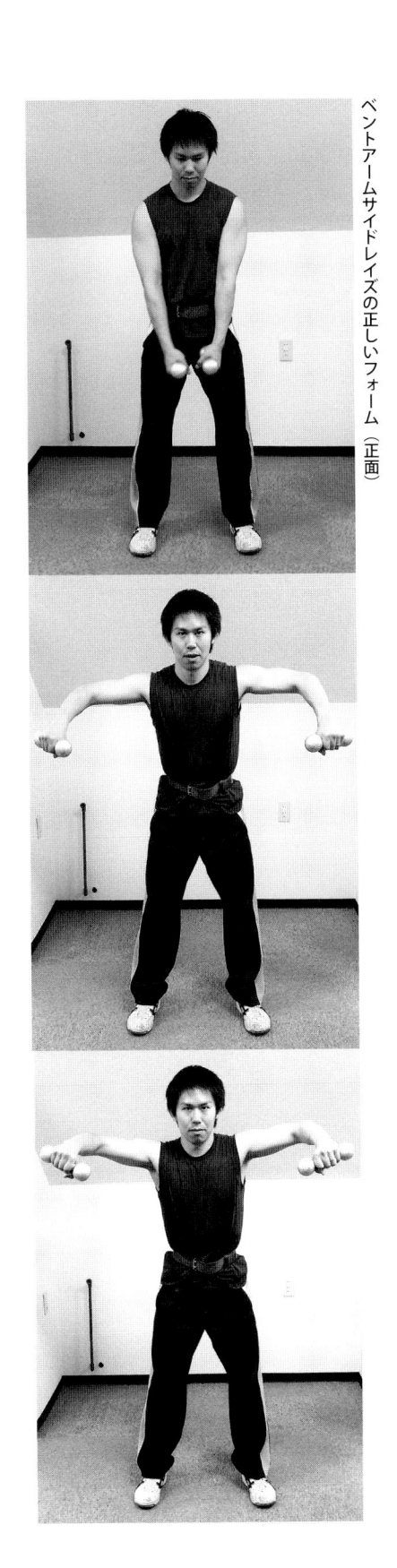

ベントアームサイドレイズの正しいフォーム（横）

フォーム

　ダンベルを両手に持ち、手のひらが向き合うように握り、腰幅と同じ程度かやや広めの脚幅で立ちます。やや体を前傾させ、両手に握ったダンベルを、体の横一直線近くに上腕部分がなるように意識して、肘を曲げながら肩の高さまで少しだけ外側に半円を描くように挙上します。上腕部が横一直線に近い状態なので、このとき前腕部は体の前に出ることとなります。手の甲も真上を向くこととなります。一番上にダンベルを持ち上げたときに、真上から見た肘の曲がり具合は、直角よりやや伸ばした角度(110度~120度くらい)となります。

　挙上位置で一旦静止するよう意識した後、同じ軌道を通るようにダンベルを元の位置にゆっくりと下げていきます。これを繰り返します。

代表的に起こりやすい、悪い例

①肘の高さが先行(リード)しないで手首が先に挙がる

　アップライトロウイングと同様に、三角筋に刺激をあたえトレーニング効果をあげるためには、グリップを含めた前腕部を意識せず(力まず)肘の部分を先に挙上するよう意識して行ないます。いわゆるバンザイのようなフォームにならないようにするのです。このようになった場合、三角筋横部から前部に効果が移るだけでなく、挙上動作とともに上腕骨に外旋的な捻りが入るため好ましくない負荷が肩の中に掛かる可能性があります。

肘の高さが先行しないで手首が先に曲がる悪い例

②必要以上に肘が曲がる

　無理な重量を用いて行なうと、このような動作になりやすくなります。また、適切な重量であっても限界回数近くなると、疲労で筋力が一時的に低下するため、ダンベルの挙上位置をなるべく体に近づけて行なって三角筋に掛かる負担を軽くしようとしてこのようなフォームになることもあります。このとき肩を窄めたように僧帽筋が使われるのが普通であるが、なるべく他の筋肉を使用しないで行うよう動作した方が効果的です。

　特に初心者の時期は、あえて軽量で正確なフォームを意識してトレーニングを行なうようにしたいものです。

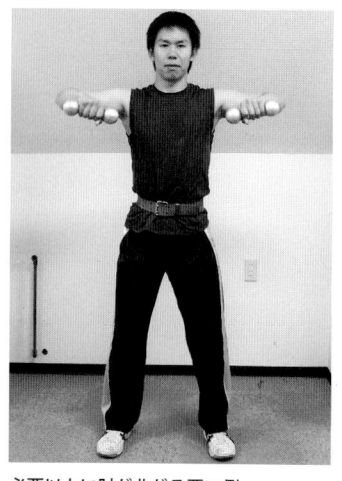

　このベントアームサイドレイズも動作が難しい種目の一

必要以上に肘が曲がる悪い例

つです。先程の種目と同じように的確に筋肉を使用するコツは、前腕部は「ダンベルを握っているのだけど、三角筋に負荷をあたえるための棒のようなもの」という意識で行い、肘の部分を常に意識して先に挙上するよう、また、なるべく遠くに半円を描くように肘を挙上するよう意識して動作すれば正確なフォームとなって効果的です。上に挙上したとき前腕が水平(レベル)ということも意識しましょう。

　ダンベルを挙上するときに上体を後ろに倒すように行なう「あおり動作」は効果を薄くするばかりでなく、腰部や肩を痛める可能性があるので避けましょう。これを防止するには、挙上する動作とともに、ほんの少しだけ前に上体を出すようにする方法があります。

　先のプレス種目と比較すれば上腕骨がやや内旋された状態で動作が行なわれる肩の種目であり、左右がシャフトで繋がっていないので、よりフリーに動かせるという特徴がありますが、その分、フォームも難しいということになります。

　最後に下腿部分のトレーニング種目で、器具なしで行なえる運動種目を記載いたします。この種目以外に、指導時には18種目~20種目の器具無しトレーニングを必要に応じて活用しますが、今回は出版の趣旨から、この種目のみとさせていただきます。

　パートナーがいれば、グランドでも体育館でも遠征先でも、どこでも気軽に行なえますので是非取り入れて下さい。

(14) ドンキーカーフレイズ (狙いとする筋肉・・・下腿三頭筋)
(パートナー体重負荷による両足踵上げ動作)

動作に使用する主な筋肉
　内側腓腹筋、外側腓腹筋、ひらめ筋

呼　吸
　挙上しながら(踵を上げながら)息を吐き、踵を下降させながら息を吸います。呼吸方法はこのやり方にこだわらず、動作中止めないようにすればよろしいです。

テンポ
　1、2のテンポで爪先立ちになるよう踵を上げ、挙上位置で一旦静止し1、2、3のテンポでゆっくりアキレス腱が大きく伸ばされるよう踵を下降させます。

フォーム
　床より10cm程度、高い台を用意し(無い場合はプレートを裏返して床に置いてもよい)この上に両足のつま先を揃えるように乗せて立ちます。つま先は前に向くようにして、立

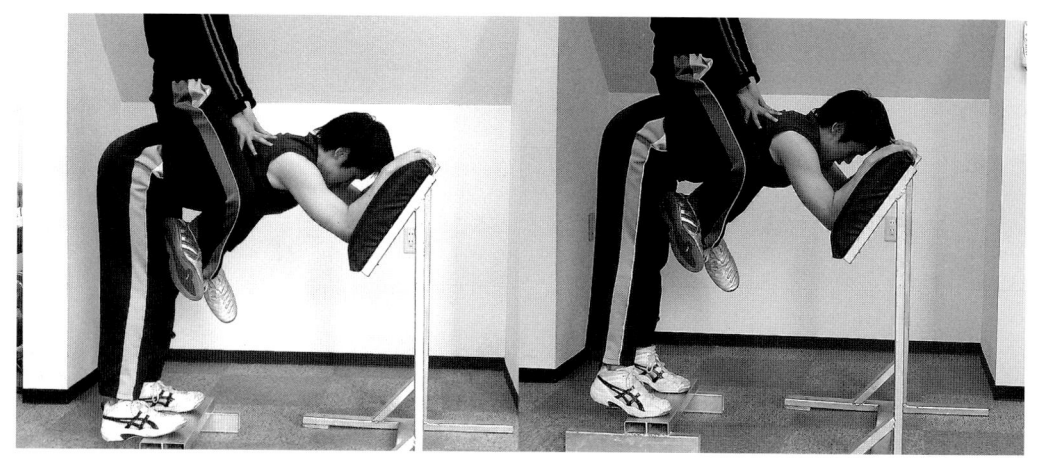

ドンキーカーフレイズの正しいフォーム

ち幅は腰幅と同じ程度とします。写真のように背すじを真っ直ぐにした前屈みとなって、その腰の部分にパートナーが跨ぐように乗って体重をかけます。爪先立ちになるように踵を上げて行き、これ以上踵を挙げられないところまできたら一旦静止し、ゆっくりと踵を下げていきます。これ以上アキレス腱が伸ばせないと感じるところまで踵を下げます。この踵の上下を繰り返します。

代表的に起こりやすい、悪い例
①極端に腰が引ける
　前屈みになったとき、極端に腰を後方に引かないようにします。このような姿勢だと、スタート位置にもかかわらず既にアキレス腱が伸ばされた状態になり、踵を下げることが出来にくくなり、関節可動範囲が少なくなります。また多関節筋である腓腹筋が特にスタート位置でストレッチされやすくなります。

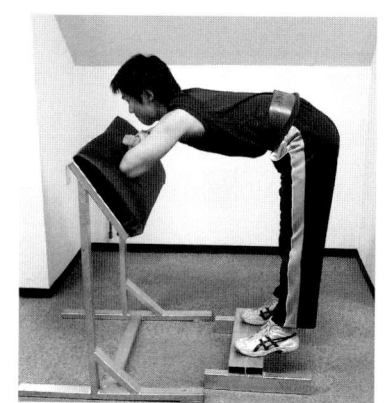

極端に腰が引ける悪い例

②膝を曲げて行なう
　無理な重量(この場合パートナーの体重)を用いて行なうと、膝の曲げ伸ばしを利用して踵を上げ下げするような動作になりやすくなります。また、適切な重量であっても限界回数近くなると、疲労で筋力が一時的に低下するため、下腿三頭筋の負担を軽くしようとしてこのようなフォームになることもあります。なるべく他の筋肉を使用しないで行うよう動作した方が下腿三頭筋にとって効果的です。中級者以上が、最後の追い込みとして反動

膝を曲げて行なう悪い例

を故意につける場合は、この限りではありません。

③**腰を前に出して行なう**
　体が直線に近い状態になっているので、パートナーが乗りにくいのと、回数を多く行なうにしたがって、パートナーがずり落ちてしまいます。パートナーが落ちることを防ぐためにパートナー自身も前屈みになり、実施者の踵に適切な負荷が掛からないことにもなります。いずれにしても不安定のため、動作中の集中が欠けてしまう結果となります。また、実施者のアキレス腱もストレッチされるように必要以上に伸ばされ、好ましくない状態となります。

腰を前に出して行なう悪い例

　上に乗るパートナーの体重を負荷とするため、15回以上(70%)実施できるよう計算し、選定する必要があります。また何時も、トレーニング時には同じパートナーを乗せるようにして、その日の雰囲気や感覚で体重の違うパートナーと組んだりしないようにすることが大切です。この種目も例外ではなく漸増性負荷の法則にしたがって、多く回数ができるようになったら、体重のやや多いパートナーに切り替えて実施するようにしましょう。

コラム

プロテインがいいのは知っているけど牛乳が苦手でお腹が痛くなります

　食品のパッケージには「食品成分表」の表示があり、牛乳は、1本200mlを飲むことで「約6gのタンパク質」が含まれているとの表示が記載されています。
　筋力トレーニングを実施した日は、終了後、30分以内にプロテインパウダーを牛乳で溶かして飲むと効果的といわれており、牛乳のタンパク質とカルシウムを合わせて摂取することもできるので、そのような摂取方法がベストだと考えられてきました。
　ところが例外もあって、牛乳を飲むとそれに含まれる特殊な成分や、糖分が分解できずに「お腹がゴロゴロして、下痢をしてしまう！」という選手を見かけます。せっかくのタンパク質をからだが吸収できずに多くが無駄になってしまうようです。
　これは、体質による場合がほとんどだと聞いていますので、このような選手は、まず、吸収のやさしい「ホエイプロテイン」を選定し、さらに「水で溶かすタイプ」を選んで試して下さい。「水ではおいしくないので飲みにくい」という場合は、果汁割合が50%以下のアップルジュースで溶かして飲むのも良いと思います。

●第3章 スポーツ選手の食事（栄養編）

トレーニング効果を得るための正しい栄養補給とは

1. 五大栄養素をバランス良く摂取

　激しい運動を行うスポーツ選手は、エネルギーや体力を消耗するため、運動を行なわない人と比べて、多くの栄養を摂取しなくてはなりません。そして、さらに個別的にみた場合、身長、体重など体格の違いや、成長期かどうかによっても、その摂取量が個々に適合していなければなりません。
　もし、仮に十分な栄養を取らないで、消耗の激しい運動を毎日行なっていたらどうなるでしょう？
　日々の運動によって筋肉の微細繊維が破壊され、グリコーゲンは消耗枯渇し、体水分量は低下します。
　こんな状態では当然運動効果は期待できませんし、パフォーマンスが悪くなるだけでなく、体に良いはずの運動によって、いずれ体を壊してしまうでしょう。
　運動やトレーニングを行なってトレーニング効果を得ようとしている選手達は、このようなことにならないためにも、体に必要な栄養が摂取できる毎日の食事に気を使わなければなりません。
　それでは、以下にトレーニングを行なう選手を対象として、より多くの効果を得るために必要な基本的な栄養について述べていきましょう。
　栄養を摂取するために、好きな一定の食品を多く摂れば良いのでしょうか？
たとえば、お菓子やケーキが好きだからといって多くの菓子類を毎日摂取すれば、お菓子に多く含まれる糖質や、ケーキに含まれている脂質などを過剰に摂取することになり、その反対にタンパク質やビタミンは不足しがちになります。肉類が好きだからといって、牛肉、豚肉や鶏肉だけを食べつづければ、炭水化物（糖質）が不足したことによって、グリコーゲンが働かなくなり、体の脂肪や筋肉を分解しながらエネルギーに変えるので、エネルギー生成の効率が悪くなります。しかも、分解する過程で体に有害な物質が発生しますので、健康に悪影響をもたらす可能性があります。
　このようなことにならないようにするには、いろいろな食品から炭水化物、脂質、タンパク質をバランス良く摂取する必要があり、この3つを、私達の体に大切な栄養源になるので3大栄養素と呼んでいます。
　さらに、この3大栄養素の働きを高めるビタミン、ミネラルを加えた5種類が5大栄養素といわれ、スポーツマンの場合、より良い競技成績をあげるには、時期的な状況によってこの栄養バランスを変化させる必要があるといわれています。
　しかしながら競技期間は別として、筋力アップや練習を目的としているときは、5大栄養素のバランスが取れていることを一番大切なこととして、強い筋肉をつくる材料であるタンパク質（筋肉の主構成成分）を多く摂取したほうが、トレーニング効果がより良く得

られるだけでなく、運動で消耗した体力も早く回復するといわれているようです。

　激しい運動を行なうスポーツ選手や、最終成長期にあたるスポーツ選手を対象とした、一日のタンパク質摂取量は体重１kg あたり２g とされていますので、そのくらいのタンパク質摂取を心がけたいものです。
とかく食品の選定というと、贅沢だ…と考えがちですが、効果を得るために最良のものを選ぶというだけで、好きなものを食べるということではありませんし、それが嫌いなものでも、食べなくては効果があがらないということです。

　以下の表に５大栄養素と、体内での働き、多く含む食品などを簡単に記してありますので、それを参考として下さい。

栄養素	その主な働きと作用	多く含む食品
炭水化物 （糖質）	生体を維持するエネルギー 運動をつかさどる筋肉のエネルギー源となる 予備はグリコーゲンとして肝臓や筋肉に貯蓄	米（ごはん）、パン、いも 麺類、片栗粉、砂糖 ゼリー型サプリメント
タンパク質	水分を除くと人体の５０％はタンパク質 筋肉、内臓、血液、骨、酵素、皮膚、毛髪、の材料 体のタンパク質のうち約５０％が骨に含まれる	肉類、魚類、卵、牛乳 チーズ、大豆（ゆで） 豆腐、納豆、プロテイン
脂　　質	体温の保持、ホルモンの材料となる 体に受ける衝撃のクッション、肌の乾燥防止 脂溶性ビタミンの摂取、髪のつや	バター、マーガリン、植物油 マヨネーズ、アイスクリーム ソーセージ、ラード
ビタミン A,B,C,D,E	脂溶性と水溶性に分かれる、人体の各機能に関係 不足すると発育障害や脚気、食欲不振、皮膚炎に 腱反射障害、タンパク質の合成、糖質代謝を促進	野菜、レバー、小麦胚芽 果物、茶、魚類、肝油 卵、肉類、牛乳、チーズ
ミネラル カルシウム、鉄 リン、カリウム	心臓や筋肉の機能調節、骨や歯の成分、筋肉痙攣を防ぐ、造血作用、成長期の発育をさかんにする、細胞内の浸透圧を一定にする、神経の興奮をおさえる	野菜、果物、小魚、牛乳 レバー、海藻類、食塩 煮干、ごま、大豆

2. 筋力アップのための栄養素、タンパク質を考える

　前に述べたように、激しい運動や筋力トレーニングを行なうスポーツ選手や、最終成長期にあたるスポーツ選手は、筋肉の材料であるタンパク質を、体重1kgあたり2gを毎日摂取する必要があります。正確には除脂肪体重（LBW）1kgあたり2gとされているようですが、ここでは、読者が主に成長期の選手であるということと、体脂肪率が簡単に計測できないということを考慮して、全てを含む（筋肉、内臓、骨、脂肪など）計測体重ということで話をすすめていきます。

　1日の摂取目標量を簡単に示すと、以下のような計算例になりますので、自分の体重に当てはめて計算してみて下さい。
（例）体重60kgの選手の場合・・・・・60（kg）× 2（g）=120g/1日・・摂取目標

・タンパク質の種類

　タンパク質には動物性、植物性のタンパク質があります。動物性は肉類、魚類、卵、牛乳などがあり、植物性は豆類などがありますが、肉が好きだからといって肉ばかり摂ってしまうと、タンパク質と同時に動物性の脂質も多く摂り過ぎてしまい、好ましくない栄養素として体内に取り入れられて脂肪として溜まることになり、スポーツマンとして大敵である肥満の可能性が出てきます。しかし、だからといって動物性タンパクの摂取を控えるのも考えものです。アミノ酸のバランスは動物性のほうが優れていると言われているからです。いずれにしても、これらのタンパク質をバランスよく日常の食事からとることが大切でしょう。

・トレーニング効果を上げる摂取タイミング

　タンパク質摂取の効果的なタイミングとしては、トレーニング終了後の30分以内に多少の糖質とともに摂取することがすすめられます。トレーニング後の血中アミノ酸濃度を確保したほうが、筋肉になりやすく、トレーニングで使用された筋肉の微細な損傷もあることから、トレーニング直後になるべく早く摂取することが好ましいようです。またトレーニングの1~2時間前にタンパク質を摂取することも効果的と言われています。いずれにしても血液にアミノ酸が十分にあると筋肉になりやすいと言われているようです。

　そのほかに効果的といわれているポイントは、寝る2時間くらい前にタンパク質を摂取する方法です。就寝から2時間以内に成長ホルモンが多く分泌し、血液中のタンパク質を効率的に私達の筋肉にかえていきます。

・1回の食事での摂取量

タンパク質の体内での吸収量は、1回の食事でせいぜい30~40gだといわれています。トレーニングによって多くタンパク質を摂らなければいけないからといって、1度に60~70g摂ってしまっては、約半分近くのタンパク質が体内に吸収されずに体外に排出されたり、脂肪分として蓄積されることになります。1度に多く摂るのではなく、1日の内に何度かに分けて摂取し、常に体内にタンパク質が不足しないように心がけましょう。

・タンパク質と亜鉛の摂取について

　先程から述べているように筋肉を作る為には、筋肉の構成要素であるタンパク質の摂取が不可欠ですが、かといってタンパク質の摂取だけで良いのでしょうか？

　タンパク質の合成には、ミネラルである亜鉛が必要と言われており、タンパク質と亜鉛を多く含む食材を摂取することが重要となります。亜鉛を多く含む代表的な食材は、いわし、するめ、アーモンド、豚肉、うなぎなどですので、これらの食材とたんぱく質を多く含む魚や肉を一緒に食べると効果的です。

・タンパク質の同化作用（ビタミンB6）

　さらに筋肉作りにはビタミンも必要になります。私たちが筋力トレーニングを実施することによって、筋肉のタンパク質が分解され、それを補充するように体が反応し、より強い筋肉に作り変えられ、筋肉の増加がはかられます。この作り変えられる作業をタンパク質の同化作用といいます。この組み立てていく過程（同化）でビタミンB6が必要になってきます。

　ビタミンB6を多く含む食材としては豚肉やレバー、マグロやカツオなどの魚類があります。

・骨格を作るカルシウムとタンパク質

　骨を作る材料は主にカルシウムといわれていますが、意外にもタンパク質が多く含まれ、この部分でもタンパク質が関与しています。

　特にカルシウムは吸収しにくい栄養素と言われていて、カルシウムの吸収を良くする方法として、マグネシウムと一緒にカルシウムを摂取することがすすめられています。

　簡単な摂取例として、ごはんを炊くときに、カルシウムとマグネシウムの顆粒を少量入れたり、マグネシウムを含むカルシウムのサプリメントを摂取する方法があります。

3. プロテインについて

　体重1kgあたり2gのタンパク質を毎日摂取しようとするとき、通常の食品だけで摂ろうとすると先程の動物性脂肪摂取の話のように問題が生じたり、食品そのものの摂取量が多くなり、難しい面がでてきます。そういうときに脂肪を含まず高タンパクなプロテインパウダー（リキッドタイプや固形タイプもあります）は、さらに必要なビタミン、ミネラルも一緒に摂取できることからスポーツ選手にとって効果的な食品となります。しかも、タンパク質1gあたりの価格が、他の自然食品より安く経済的です。

　またプロテインを摂ると、身長が伸びなくなる、健康的によくないなどといわれることがありますが、このようなことは全くないので安心してください。

・プロテインにも種類が
　一概に、プロテインと言っても成分と比率がまったく違うものがあります。
　タンパク質の含有がメインのもの（筋肉を作るタイプ）、炭水化物メインのもの（エネルギータイプ）、それぞれが約50％づつ入った（バランスタイプ）ものなど大きく分けて3種類くらいがあるようです。一概にプロテインと商品名が記載されていても、すべて同じ商品と考えずに商品の裏に成分表が載っているので内容（タンパク質を含む量）を確認してみましょう。
　どのようなタイミングで摂るのか、またどのような目的（タンパク質主体＝筋肉増強か、エネルギー主体＝運動で使用された糖質とタンパク質の同時摂取）で摂るのか、効果的に用いて使い分けすることも必要です。

・牛乳で取るか水で取るか
　牛乳で割るタイプと水で割るタイプのものがありますが、それぞれのメリットがあります。自分に合ったものを選びましょう。
　牛乳で割るタイプ・・・牛乳に含まれる他の栄養分（カルシウムやタンパク質）も加わり、より効果的です。
　水で割るタイプ・・・・牛乳を用意しなくてよいので、どこでも気軽にすぐ飲めます。
　部活、試合、自宅以外でも、簡単に飲めるという利点があります（ただし、成分表にビタミン、ミネラル等が含まれているものを選びましょう）。

※ 最近では味も様々なものが販売されていて（ココア、チョコ、イチゴ、バナナ、バニラ等）摂取する目標に内容が合致していれば、自分の好きなものを選びましょう。同じ味を長期間摂取していると飽きがくるので、適当に味を変えてみましょう。

※ プロテインに、「ホエイ配合」と表示されているのがあります。
　ホエイとは、乳清ともいわれタンパク質の中でも体内への吸収が早く、活用率の高いものです。タンパク質が、より吸収されやすいプロテインと言えるでしょう。

・飲むタイミングとプロテインのタイプ
　1日の内に、効率よくプロテインやたんぱく質を摂取するタイミングがあるといわれていますが、以下の1~4を参考に摂取してみると良いでしょう。

①練習又はトレーニング直後30分以内（筋肉の再生）→ タンパク質メイン
②夜、睡眠の1時間以上前（筋肉の成長）→ タンパク質メイン
③朝、食事の後（栄養補給）→ 糖質、タンパク質半々のバランスタイプ
④ 練習、試合の前（エネルギー補給）→ 炭水化物メイン

4. スポーツ選手のエネルギー摂取量の目安

　通常の日常生活をおくる為に必要なエネルギー量は、成人男性約2,300kcal 成人女性約1,800kcalといわれています。

　しかし、スポーツ選手は練習やトレーニングを行なう為のエネルギーが別に必要となります。さらに成長期にある選手には、発育に必要なエネルギーをプラスしなければなりませんし、このことは体格、運動量により異なってくるのは当然です。そのためには自分に必要な摂取量を知り、1日の食事を考えてみることが大切です。

　下記の表に年齢、性別の体重1kgあたりのエネルギー所要量を表示しましたので参考として下さい。

　尚、自分に該当する値をさがし、その数値に体重をかけ、さらにトレーニングの内容により、10%~20%程度のエネルギー量を加え、摂取の目安として下さい。

体重あたりエネルギー所要量×体重kg×（110%～120%）＝必要なkcal/日
（例）男性15歳で体重65kgの場合
　47×65kg×120%=3,666kcal となります。

年　齢（歳）	男 基礎代謝基準値(kcal/kg/日)	男 体重あたりエネルギー所要量(kcal/kg/日)	女 基礎代謝基準値(kcal/kg/日)	女 体重あたりエネルギー所要量(kcal/kg/日)
15～	27.8	47	25.9	43
16～	27.0	45	24.9	42
17～	26.3	44	24.2	41
18～	25.7	43	24.1	40
19～	25.2	42	23.9	39
20～29	24.0	40	23.3	39
30～39	22.9	38	22.0	37
40～49	22.2	37	21.1	35
50～59	22.0	36	20.7	34

厚生省保健医療局健康増進栄養課編「日本人の栄養所要量」より

5. 1日の食事

　日常生活では、普通朝、昼、夕と3回食事をとりますが、スポーツ選手の場合は、エネルギーの摂取量を多くとる必要がある事、また、練習時間などで長時間（6時間以上）、栄養補給ができない場合があるなど、事情が変わってきます。

　6時間以上栄養補給がないと、血糖値が下がり、集中力や判断力が低下し、練習の効果が落ちていきますので、この様な場合は間食が効果的となってきます。練習前に、おにぎりやパン（炭水化物）、牛乳、ヨーグルトなどの乳製品、果物（ビタミン、ミネラル）を軽く食べて、エネルギー源とビタミン、ミネラルをポイント的に補給しましょう。

　それと、練習後は回復を早める為、1時間以内に炭水化物、果汁100%ジュースなど補給する事も大切です。

　また、スポーツ選手は、食事の質、量だけでなく、食べるタイミングを考える事も必要ですので以下を参考として下さい。

・朝食→栄養補給

　ごはんやパン等を主食をメインに、果物をとる。肉や魚を含むおかずは少なめに。
　ごはん、もち、パン、豆腐、卵、豚肉、オレンジ、グレープフルーツ、梅干等

・昼食→消化が良く、即エネルギーになる食事

　脂肪分の多いものは控えましょう。
　ごはん、サンドイッチ、めん類、バナナ、オレンジ、野菜類

・夕食→疲労回復

　破壊された細胞を再生する為にタンパク質摂取と、糖質を摂ってエネルギーを回復させましょう。
　おかずたっぷりの食事をとりましょう。
　肉類、魚類、豆類、卵等の料理（野菜など、バランス良く）

◆参考文献
- 『目でみる動きの解剖学』(株)大修館書店／Rolf Wirhed 著／金子公宥、松本 迪子訳
- 『スポーツ解剖学』(株)オーム社／J Weineck 著／有働 正夫訳
- 『最適トレーニング』(株)オーム社／J Weineck 著／有働正夫、中山治人、中山エバ訳
- 『トレーニングの科学』(株)講談社／宮下 充正著
- 『ストレングストレーニング＆コンディショニング』(有)ブックハウス・エイチディー／Thomas R. Baechle 著／石井直方総監修
- 『ファンクショナルエクササイズ』(有)ブックハウス・エイチディー／川野 哲英著
- 『測定と評価』(有)ブックハウス・エイチディー／山本 利春著
- 『動きでわかる解剖と機能』(株)医道の日本社／Joseph E.Donnelly 著／福林 徹監修、中村千秋、渡部 賢一訳
- 『ウォーキング科学』(有)ブックハウス・エイチディー／宮下充正編集
- 『ヘルスプロモーションの経済評価』(株)サイエンティスト社／Joseph P.Opatz 編／山崎利夫監訳、萩 裕美子、新名 謙二訳
- 『スポーツ外傷アセスメント』西村書店／James M. Booher、Gary A.Thibodeau 著、渡部 好博監訳、太田吉雄訳
- 『図解 機能解剖学』(社)日本エアロビックフィットネス協会／小出 清一著
- 『スポーツマンのための動きのトレーニング』(財)日本体育協会／春山 国広著
- 『最新スポーツストレッチング』成美堂出版／上水流洋監修
- 『ストレッチング』成美堂出版／井街 悠著
- 『言葉の心理作戦』(株)ごま書房／多湖 輝著
- 『サッカーがうまくなるなるためのからだづくり』森永製菓(株)健康事業部／大森 一伸、山本利春、矢野雅知、西嶋尚彦、尾山末雄、吉田優子、福林徹著／加藤久、福林徹監修
- 『トレーニング革命』(株)ベースボールマガジン社／小山 裕史 著
- 『フィットネス用語辞典』(社)日本エアロビックフィットネス協会／小沢治夫、富原正二著／厚生労働省保険医療局監修
- 『フィットネス・トレーナー小事典』(株)サイエンティスト社／池田 克紀、坂田 公一、進貞男、田畑泉、西薗秀嗣、野川春夫、萩裕美子、山口泰雄著／池田克紀、野川春夫監修
- 『使える筋肉・使えない筋肉』(株)山海堂／谷本 道哉著／石井 直方監修
- 『勝ちにいくスポーツ生理学』(株)山海堂／根本 勇著
- 『ウイダー・コンディショニング・バイブル』永製菓(株)健康事業部／ウイダー・リサーチ・インスティチュート著／栗山 節郎、内藤 晴輔、比佐 仁監修
- 『ウイダー・トレーニング・バイブル』森永製菓(株)健康事業部／ウイダー・リサーチ・インスティチュート著／高橋 賢一、比佐 仁監修

◆用語説明

オーバーユース【12 ページ】
　人間のからだの各器官にはそれぞれに生物学的な強度があります。通常の日常生活ではこの生物学的強度の範囲内でからだを使っているので安全なのですが、スポーツ活動などでこの安全範囲以上にからだを使用してしまうとさまざまな障害をきたしてしまいます。これを総称してオーバーユース・シンドローム (使い過ぎ症候群) といいます。例えばテニス肘、野球肘、野球肩、ジャンパー膝などです。

エキセントリック (コントラクション)【13,19,32 ページ】
　伸張性収縮のことで、ネガティブワークとも呼ばれる。筋肉がその長さを引き伸ばされながら力を発揮させます。動作時にブレーキングを行う筋肉的なはたらきと、動作を起こす筋肉 (主動筋) の筋発揮を調整する役割があります。

パワーリフティング【19 ページ】
　日常的に行う単純な動作であるスクワット (立ち上がる)・ベンチプレス (押すまたは支える)・デッドリフト (引くまたは抱える) の 3 種目の最高挙上重量を競う競技種目のことです。

コンセントリック (コントラクション)【21,33 ページ】
　短縮性収縮のことで、ポジティブワークとも呼ばれる。筋肉がその長さを短くしながら力を発揮させます。動作の主動をつかさどる筋肉です。

アイソキネティック【28 ページ】
　等速性収縮と呼ばれ、筋の収縮を一定のスピードで行う運動のことで関節の運動速度を一定にして行う運動のことを示します。エリエール CES 測定、バリアブルベロシティのスロード設定がこれにあたります。

アイソトニック【28 ページ】
　動かない物体に対して筋力を発揮するときと違い、動くものに対して、または動作しながら発揮される筋力を等張性筋収縮とよび、一定の負荷に対して筋収縮が行われる運動で、例えばダンベルやバーベルなどウエイトを用いるトレーニングが代表的です。

関節可動域 (ROM)【33,37 ページ】
　ひとつまたは複数の関節を生理的に動かすことのできる範囲 (動作範囲) をいいます。

プライオメトリクス【55 ページ】
　筋肉や腱を引き伸ばし、次の瞬間短縮 (コンセトリックな収縮) させるとバネのような弾性エネルギーが発生するという特質を使ったトレーニング方法のことです。大きな収縮力が生じるため筋や腱を痛めやすいので注意が必要です。

スタティックストレッチ【63 ページ】
　個人の筋肉コンディションに合わせて、ゆっくり筋肉を伸ばし、伸張限界点で 5~10 秒間からだを静止させておくストレッチです。

バリスティックストレッチ【63 ページ】
　自ら反動や弾みをつけて筋肉を伸ばすストレッチです。

PNF ストレッチ【63 ページ】
　運動器官の固有感覚受容器を刺激して運動麻痺の回復を促進させるものであり、からだのかたい選手や障害のあとの柔軟性をつけるためにも効果的といわれています。

伸張反射【63 ページ】
　筋肉が過度に引っ張られると筋の中にある筋紡錘という感覚装置がはたらき、筋がそれ以上伸びて障害を起こさないように反射的に筋を収縮させる一種の生態防御機構です。

あとがき

　20年以上筋力トレーニングを指導していて難しいと感じることが二つあります。
　それは、「やる気のある選手、過熱気味な選手のトレーニング内容を如何にセーブするか」ということと、「素質や才能があるからこそ本能的に効率的な動作を行なうスポーツ選手に、ある意味非効率的な動作である正しいトレーニングフォームを習得させること」の二つです。このことを少しでもクリヤーにしていくには、まず筋力トレーニングを取り入れることがスポーツでどのような意味があるのか、その選手の現状はどうなのか、どの程度の筋力レベルか調査判断し明らかにしていくことが重要となります。また、本書では述べていないことですが、高めた筋力をスポーツ独特の動きに融合、適合させることも重要と考えています。このことを選手が理解した瞬間、そこから本当の意味の筋力トレーニングが始まるわけです。
　また、「外国の選手はやっていないそうだ」とか「ヨーロッパやアメリカの一流選手は筋力トレーニングを行なっていない」などの話しも、よく聞こえてきます。私たち東洋系の民族は長い間農耕をおこなってきたという歴史があり、体格的にも筋線維組成的にもそれに適合しています。その一つが食事からくる腸の長さも適合し、体格的に胴長であることです。つまりそうだからこそ、スポーツで競うと言うことを考えたとき、外国の一流選手やチームが筋力トレーニングを実施していなくても、私たちには「必要」と言うことが大いに考えられます。あきらかに体格が違うにも係らず同じスポーツということで練習やトレーニングも同一内容で実施していては・・・。
　まだまだトレーニングのオリジナリティがあっても良いかもしれませんね。
　本書がこれら全てに答えているとは到底いえませんが、あなたが行なおうとするトレーニングのほんの入り口くらいには案内できるかもしれませんし、少なくともヒントになるようなことはあるかもしれません。是非、ご活用いただければ幸いです。
　それと本著の終わりになり恐縮ですが、今回の出版に際し、多大なるお世話をいただき、身にあまる推薦の言葉を賜りました(財)日本健康スポーツ連盟理事長でJOC加盟(社)日本ボディビル連盟会長でもいらっしゃる玉利齊先生と、同じく推薦の言葉を賜りました、トレーニング実践者であり筋肉筋力に関する研究の第一人者でもあります東京大学大学院教授の石井直方先生、ならびにさまざまなアドバイスを頂戴致しました(株)体育とスポーツ出版社の橋本雄一社長、鎌田勉編集長など多くの出版関係者、皆様方に感謝申し上げる次第です。

2006年5月
21世紀筋力トレーニングアカデミー代表
(株)ダイナミックコーポレーション代表取締役・古川和正

筋力レベル表

		150	145	140	135	130	125	120	115	110	105	100	95	90	85	80	75	70	65	60	55	50	45	40	35	30
100%	1RM	150	145	140	135	130	125	120	115	110	105	100	95	90	85	80	75	70	65	60	55	50	45	40	35	30
95%	2RM	142.5	137.5	132.5	127.5	122.5	120	115	110	105	100	95	90	85	80	75	70	65	60	57.5	52.5	47.5	42.5	37.5	32.5	27.5
92.5%	3RM	140	135	130	125	120	115	110	107.5	102.5	97.5	92.5	87.5	82.5	77.5	75	70	65	60	55	50	45	42.5	37.5	32.5	27.5
90%	5RM	135	130	125	122.5	117.5	112.5	107.5	105	100	95	90	85	80	77.5	72.5	67.5	62.5	57.5	55	50	45	40	35	32.5	27.5
88%	6RM	132.5	127.5	122.5	120	115	110	105	102.5	97.5	92.5	87.5	82.5	80	77.5	70	67.5	62.5	57.5	52.5	47.5	45	40	35	30	27.5
86%	7RM	130	125	120	115	112.5	107.5	105	100	95	90	85	82.5	77.5	75	70	65	60	55	47.5	45	42.5	37.5	35	30	25
85%	8RM	125	122.5	117.5	112.5	107.5	102.5	100	97.5	92.5	87.5	85	80	75	72.5	67.5	65	55	52.5	50	45	42.5	37.5	32.5	30	25
82%	9RM	122.5	120	115	110	107.5	105	97.5	95	90	85	82.5	80	75	70	65	62.5	57.5	52.5	50	45	40	37.5	32.5	27.5	25
80%	10RM	120	115	112.5	107.5	105	100	95	92.5	87.5	85	80	75	72.5	70	65	60	55	50	47.5	45	40	35	32.5	27.5	25
78%	11RM	117.5	112.5	110	105	102.5	97.5	92.5	90	85	82.5	77.5	75	70	67.5	62.5	57.5	55	50	47.5	42.5	40	35	30	27.5	22.5
76%	12RM	115	110	107.5	102.5	100	95	90	87.5	82.5	80	75	72.5	67.5	65	60	57.5	52.5	50	45	42.5	37.5	35	27.5	25	22.5
75%	13RM	110	107.5	102.5	100	95	92.5	85	82.5	77.5	75	72.5	70	67.5	62.5	60	55	52.5	47.5	45	40	37.5	32.5	30	22.5	22.5
72%	14RM	107.5	105	100	97.5	92.5	90	87.5	82.5	80	75	72.5	70	65	62.5	57.5	55	50	47.5	42.5	40	35	32.5	30	22.5	22.5
70%	15RM	105	102.5	97.5	95	90	87.5	85	80	77.5	72.5	70	67.5	62.5	60	55	52.5	50	45	42.5	40	35	32.5	27.5	22.5	20
68%	16RM	102.5	100	95	92.5	87.5	85	82.5	77.5	75	72.5	67.5	65	60	57.5	55	50	47.5	45	40	37.5	35	30	25	25	20
66%	17RM	100	95	92.5	90	85	82.5	80	75	72.5	70	65	62.5	60	55	52.5	50	45	42.5	40	37.5	32.5	27.5	25	22.5	20
65%	18RM	95	92.5	90	87.5	82.5	80	77.5	72.5	70	67.5	65	60	57.5	55	50	47.5	45	42.5	37.5	35	32.5	30	27.5	22.5	20
62%	19RM	92.5	90	87.5	82.5	80	77.5	75	70	67.5	65	62.5	60	55	52.5	50	47.5	42.5	40	37.5	35	30	27.5	25	22.5	17.5
60%	20RM	90	87.5	85	80	77.5	75	72.5	70	65	62.5	60	57.5	55	50	47.5	45	42.5	40	35	32.5	30	27.5	25	20	17.5
58%	21RM	87.5	85	80	77.5	75	72.5	70	67.5	65	60	57.5	55	52.5	50	47.5	42.5	40	37.5	35	32.5	30	25	22.5	20	17.5
56%	22RM	85	80	77.5	75	72.5	70	67.5	65	62.5	60	55	52.5	50	47.5	45	42.5	40	37.5	32.5	30	27.5	25	22.5	20	17.5
55%	23RM	80	77.5	75	72.5	70	67.5	65	62.5	60	57.5	55	52.5	47.5	47.5	45	40	37.5	35	32.5	30	27.5	22.5	22.5	20	17.5
52%	24RM	77.5	75	72.5	70	67.5	65	62.5	60	57.5	55	52.5	50	47.5	45	42.5	40	37.5	35	30	27.5	25	22.5	20	17.5	15
50%	25RM	75	72.5	70	67.5	65	62.5	60	57.5	55	52.5	50	47.5	45	42.5	40	37.5	35	32.5	30	25	25	20	20	17.5	15
48%	26RM	72.5	70	67.5	65	62.5	60	57.5	55	52.5	50	47.5	45	42.5	40	37.5	35	32.5	30	27.5	25	25	22.5	20	17.5	15
46%	27RM	70	67.5	65	62.5	60	57.5	55	52.5	50	47.5	45	42.5	40	37.5	35	32.5	30	30	27.5	25	22.5	20	17.5	15	15
45%	28RM	65	65	62.5	60	57.5	55	52.5	50	47.5	45	45	42.5	40	35	32.5	32.5	30	27.5	25	22.5	22.5	20	17.5	15	15
42%	29RM	62.5	60	60	57.5	55	52.5	50	47.5	45	42.5	42.5	40	37.5	35	32.5	32.5	30	27.5	25	22.5	20	20	17.5	15	12.5
40%	30RM	60	57.5	55	55	52.5	50	47.5	45	45	42.5	40	37.5	35	35	30	30	27.5	25	25	22.5	20	17.5	15	12.5	12.5
38%	31RM	57.5	55	52.5	52.5	50	47.5	45	42.5	42.5	40	37.5	37.5	35	32.5	30	27.5	27.5	25	25	22.5	20	17.5	15	12.5	12.5
36%	32RM	55	52.5	50	47.5	47.5	45	42.5	42.5	40	37.5	35	35	32.5	32.5	30	27.5	25	22.5	22.5	20	17.5	15	15	12.5	10
35%	33RM	52.5	50	50	47.5	45	45	42.5	40	37.5	37.5	35	32.5	32.5	30	27.5	25	25	22.5	20	20	17.5	15	15	12.5	10

118

月　　　日(　　曜日)天気　　　　開始時間　　：　　～　終了時間　　：

種目名	1セット	2セット	3セット	4セット	5セット	6セット	7セット
	kg	kg	kg	kg	kg	kg	kg
	kg	kg	kg	kg	kg	kg	kg
	kg	kg	kg	kg	kg	kg	kg
	kg	kg	kg	kg	kg	kg	kg
	kg	kg	kg	kg	kg	kg	kg
	kg	kg	kg	kg	kg	kg	kg
	kg	kg	kg	kg	kg	kg	kg
	kg	kg	kg	kg	kg	kg	kg

コメント

月　　　日(　　曜日)天気　　　　開始時間　　：　　～　終了時間　　：

種目名	1セット	2セット	3セット	4セット	5セット	6セット	7セット
	kg	kg	kg	kg	kg	kg	kg
	kg	kg	kg	kg	kg	kg	kg
	kg	kg	kg	kg	kg	kg	kg
	kg	kg	kg	kg	kg	kg	kg
	kg	kg	kg	kg	kg	kg	kg
	kg	kg	kg	kg	kg	kg	kg
	kg	kg	kg	kg	kg	kg	kg
	kg	kg	kg	kg	kg	kg	kg

コメント

筋力測定診断結果表

測定日　　200　年　月　日

団体名	種目	氏　名	実施年数	BMI	性別
ダイナミック見本	見本	ダイナミック　タロウ	3	20.76	男

ORIJINAL　BENCH PRESS（ベンチプレス）　　ORIJINAL DATA ORIGINAL DATA ORIJINAL DATA

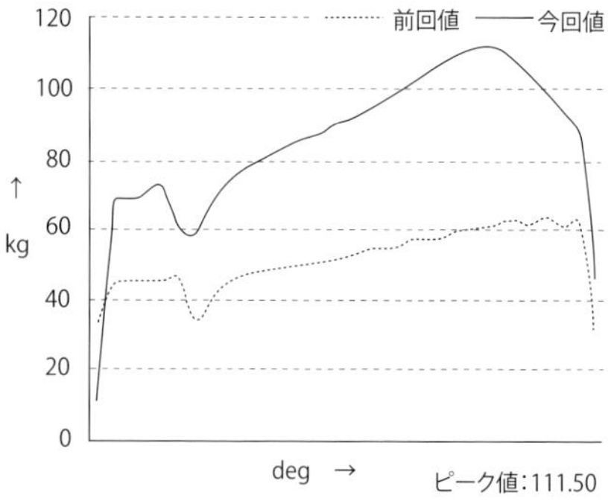

・測定結果判定　　　　　　　　　　　　　　　（最大筋力：15deg/s）

(1)	最大筋力	91.20	kg	(2)	ランク	7	段
(3)	前回比割合	173.06	%	(4)	初回比割	173.06	%
(5)	体重1kg筋	1.52	kg	(6)	体1kg前回	0.88	kg
(7)	体重1kgランク	8	段	(8)	団体順位	11／36	位
(9)	全国順位	128／3228	位	(10)	学年ランク	4	段

（高スピード筋力：60deg/s）

(11)	高スピード筋	45.16	kg	(12)	ランク	7	段
(13)	前回比割合	161.07	%	(14)	初回比割	161.07	%
(15)	(11)/(1)	49.45	%	(16)	瞬発持久	34.00	W

ピーク値：111.50

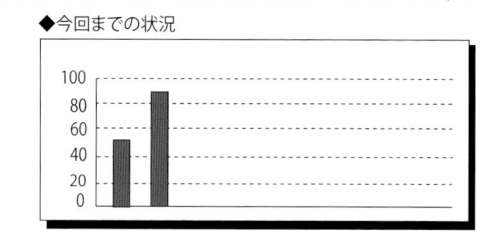

【使用筋肉名】
大胸筋、三角筋（前部）、僧帽筋、上腕三頭筋
【使用される主な動作】
伏せた状態から立ち上がる、投球動作転倒時の衝撃吸収、バッティング補助強化、手をついて体重を支えるなど

◆筋力グラフの特徴
全動作域にバランスが良く、各筋肉の力が発揮されています

◆今回までの状況

ORIJINAL　PULL ROWING（プルロウイング）　　ORIJINAL DATA ORIGINAL DATA ORIJINAL DATA

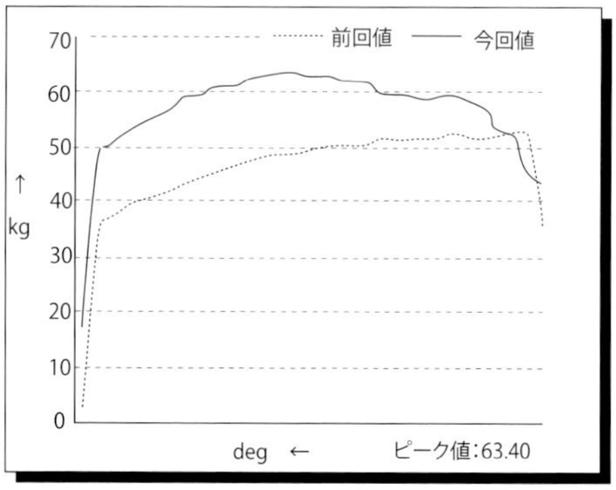

・測定結果判定　　　　　　　　　　　　　　　（最大筋力：15deg/s）

(1)	最大筋力	67.10	kg	(2)	ランク	6	段
(3)	前回比割合	140.67	%	(4)	初回比割	140.67	%
(5)	体重1kg筋	1.12	kg	(6)	体1kg前回	0.80	kg
(7)	体重1kgランク	7	段	(8)	団体順位	10／36	位
(9)	全国順位	391／3226	位	(10)	学年ランク	2	段

（高スピード筋力：60deg/s）

(11)	高スピード筋	38.60	kg	(12)	ランク	5	段
(13)	前回比割合	137.86	%	(14)	初回比割	137.86	%
(15)	(11)/(1)	57.53	%	(16)	瞬発持久	49.00	W
⑰	BP+PUトータル	83.00					

ピーク値：63.40

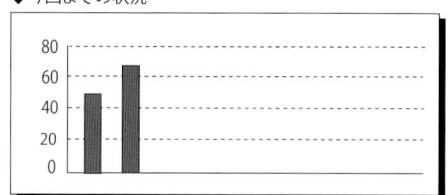

【使用筋肉名】
広背筋、大円筋、上腕二頭筋、上部背筋群
【使用される主な動作】
引く動作全般、後方選手に対するブロック、投球動作最終、ＢＰに対する肩関節の固定安定、スローイン、ローイング補助強化など

◆筋力グラフの特徴
全動作域にバランスが良く、各筋肉の力が発揮されています
【拮抗筋バランス（BP:PU最大筋力）】

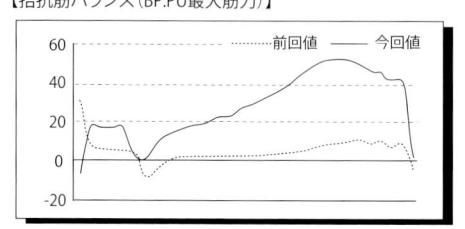

◆今回までの状況

《拮抗筋バランス（BP:PU最大筋力）》

120

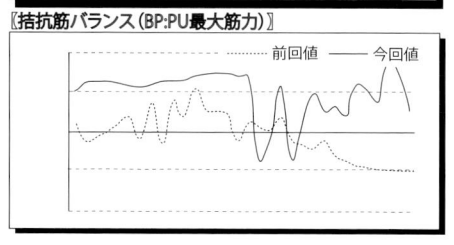

巻末資料

身長	体重	ポジション	年齢	団体人数
170.0	60.0	見本1	0	36

ORIGIN SQUAT（スクワット）　　　　　ORIGINAL DATA ORIJINAL DATA ORIGINAL DATA

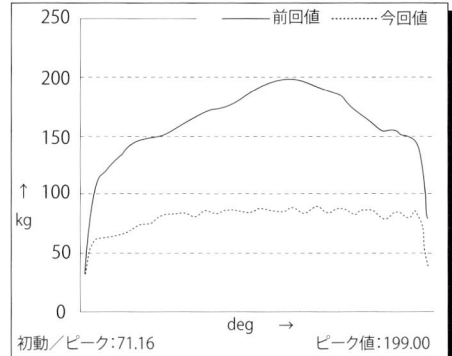

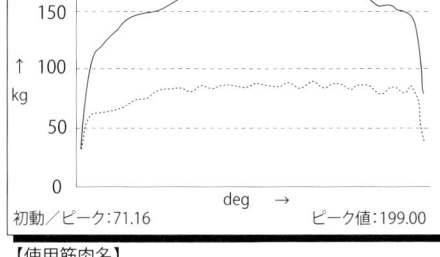

・測定結果判定　　　　　　　　　　　（最大筋力：15deg/s）

(1)	最大筋力	157.70 kg	(2)	ランク	6	段
(3)	前回比割合	205.01 %	(4)	初回比割	205.01	%
(5)	体重1kg筋	2.79 kg	(6)	体1kg前回	1.36	kg
(7)	体重1kgランク	7 段	(8)	団体順位	12/36	位
(9)	全国順位	300/3119 位	(10)	学年ランク	3	段

（高スピード筋力：60deg/s）

(11)	高スピード筋	97.70 kg	(12)	ランク	5	段
(13)	前回比割合	135.51 %	(14)	初回比割	135.51	%
(15)	(11)/(1)	58.26 %	(16)	瞬発持久	150.00	W

初動／ピーク：71.16　　　　ピーク値：199.00

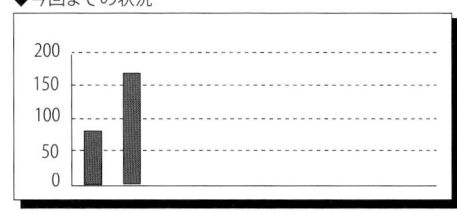

【使用筋肉名】
大腿四頭筋、脊柱起立筋、大臀筋、（最終動作で）下腿三頭筋、ハムストリングス
【使用される主な動作】
止まった状態からの加速と爆発的な筋力、ストッピング、方向転換、投球動作下体筋力、ジャンプ、立ち上がる、キック、シュート、スクラム
◆筋力グラフの特徴
全動作域にバランスが良く、各筋肉の力が発揮されています

◆今回までの状況

SQ15deg-60degスピード筋力比較

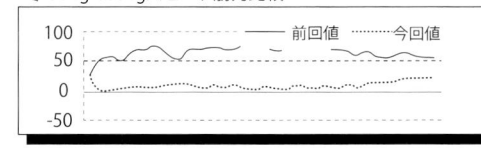

★最大筋力／スピード筋力バランス

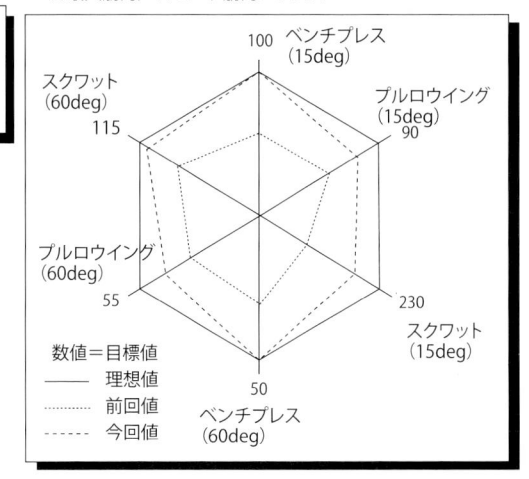

★最大筋力（15deg）

	BP	PU	SQ
今回値	91.20	67.10	167.70
前回値	52.70	47.70	82.00
理想値	91.20	82.08	209.76

★スピード筋力（60deg）

	BP	PU	SQ
今回値	45.10	38.60	97.70
前回値	28.00	28.00	72.10
理想値	45.10	49.61	103.73

★全国レベルでの位置　　■測定値　　全国平均

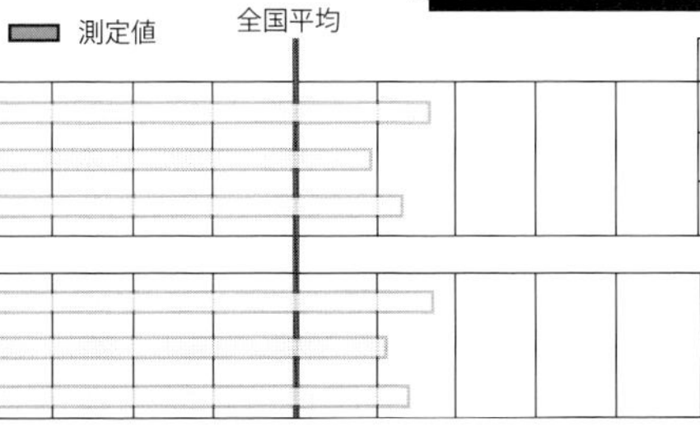

	測定値	全国平均	差
最大筋力・ベンチ	91.20	69.06	+22.14
最大筋力・プル	67.10	56.26	+10.84
最大筋力・スクワット	167.70	132.98	+34.72
体重当り・ベンチ	1.52	1.13	+0.39
体重当り・プル	1.12	0.92	+0.20
体重当り・スクワット	2.79	2.17	+0.63

全体的コメント

●エリエール動的筋力測定の簡易ポイント

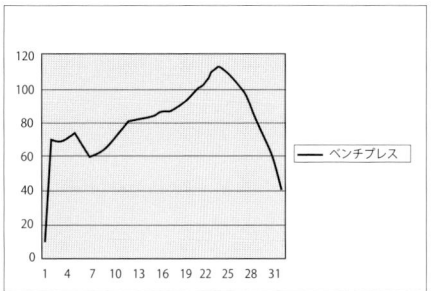

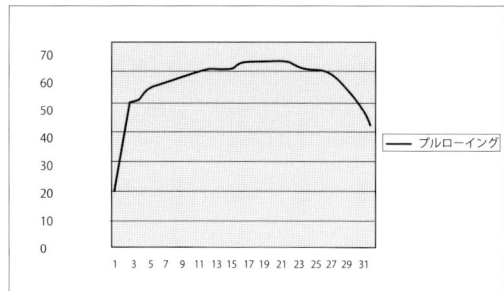

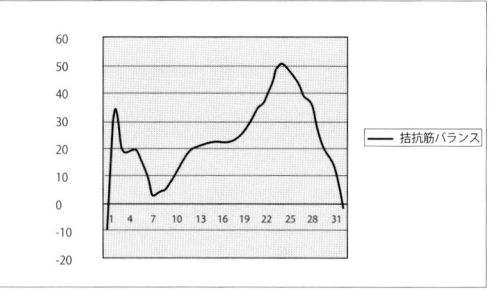

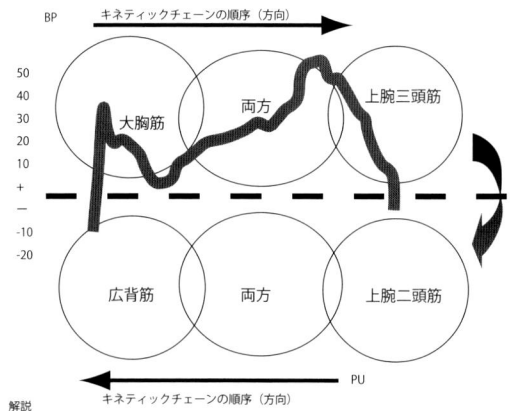

●測定結果判定　　（最大筋力：15deg/sec）

1	最大筋力	91.20	kg	2	ランク	7	段
3	前回比割合	0.00	%	4	初回比割合	0.00	%
5	体重1kg筋	1.52	kg	6	体重1kg前	0.00	kg
7	体重1kgランク	8	段	8	団体順位	11/36	位
9	全国順位	134/399	位	10	学年ランク	4	段

（最大筋力：15deg/sec）とは誰が実施しても1秒で15°動くように角速度を調整します

| 1 | 最大筋力 | 91.20 | kg |

解説：ピーク値ではなく、平均値の記録です

| 2 | ランク | 7 | 段 |

解説：10段階評価。ベンチプレスの全国評価です

| 3 | 前回比割合 | 0.00 | kg |

解説：2度目の測定より記載されます。前回からの伸び率です

| 4 | 初回比割合 | 0.00 | % |

解説：2度目の測定より記載されます。初回測定からの伸び率です

| 5 | 体重1kg筋 | 1.52 | kg |

解説：最大筋力÷体重で算出体格の差に関係なく比較評価できます

| 6 | 体重1kg前 | 0.00 | kg |

解説：前回のデータです

| 7 | 体重1kgランク | 8 | 段 |

解説：10段階評価。ベンチプレスの全国評価です

| 8 | 団体順位 | 11/36 | 位 |

解説：今回実施したチーム内の順位です

| 9 | 全国順位 | 134/3399 | 位 |

解説：ベンチプレスにおける最大筋力の全国評価です

| 10 | 学年ランク | 4 | 段 |

解説：ベンチプレスにおけるチーム内同学年の5段階評価です

（最大筋力：60deg/sec）

11	高スピード筋	45.10	kg	12	ランク	7	段
13	前回比割合	0.00	%	14	初回比割合	0.00	%
15	11÷1	49.45	%	16	瞬発持久力	0.00	W

（最大筋力：60deg/sec）とは誰が実施しても1秒で60°動くように角速度を調整しています

| 11 | 高スピード筋 | 45.10 | kg |

解説：速い動作中に発揮される筋力の測定データです

| 12 | ランク | 7 | 段 |

解説：最大筋力2ランクに同じ

| 13 | 前回比割合 | 0.00 | % |

解説：最大筋力「3前回比割合」に同じ

| 14 | 初回比割合 | 0.00 | % |

解説：最大筋力「4初回日割合」に同じ

| 15 | 11÷1 | 49.45 | % |

解説：最大筋力に対する筋力発揮の割合

| 16 | 瞬発持久力 | 0.00 | W |

解説：
1分間連続して動作を繰り返した仕事量。オプション種目につき通常実施なし

注：プルローイング、スクワットについても同様に理解ください。
但し、プルローイングのグラフについては、右側から動作が始まり左側で終了です。
また、測定結果判定表の「(17) BP+PUトータル」につきましては、「(16) 瞬発持久力」を実施していなくてもデータ作成上、数字が記載されます。

解説：ベンチプレスとプルローイングは拮抗する動作にあります。双方のグラフ同士を相殺すると上のようなグラフになります
このグラフにより本人の部位別筋力発揮バランスが下記のように理解できます。

BP　キネティックチェーンの順序（方向）→

大胸筋　両方　上腕三頭筋
広背筋　両方　上腕二頭筋

←キネティックチェーンの順序（方向）　PU

解説
この選手の場合、グラフの左側はベンチプレスに関する筋群が優位に働いている現象が見られます。
したがって、引く動作種目など広背筋を鍛える種目を積極的に実施する方向でトレーニングを組み立てることにより拮抗バランスを修正することが可能です。
特にベンチプレスの動作後半で、上腕三頭筋が+20kg以上優位になっている場合は、肘の故障に要注意です。

※スピードにおける拮抗筋バランスも概ね最大筋力のバランスと同様の傾向が見られるかと思われます

●初動／ピーク：○○.○○％
解説：スクワットのグラフの左下に表記の記載がありますが、静止の状態からトップスピードに短時間で移行できる能力です。初動負荷理論でお馴染みの動作立ち上がりの局面で１００％に近い値を出せる選手ほど高い機能性を備えています。
　高校生の場合、この局面が弱いケースが多くスクワットを中心とした多関節運動を積極的に実施することで改善が可能です。

●【SQ15deg-60degスピード筋力比較】
解説：スクワットの測定結果判定の表には、最大筋力と高スピード筋の平均値が記載されています。その差については、当然個人差がありますが、比較グラフでは、動作開始〜終了までの筋力差が表されています。
ほぼ平均値に沿った結果が出るかもしれませんが、このグラフに着いては「実験的な試み」として記載しました。
　最大筋力と高スピード筋の平均割合値は概ね60％付近であるため、最大筋力の向上に伴い実際のスピードを向上させることが可能です。

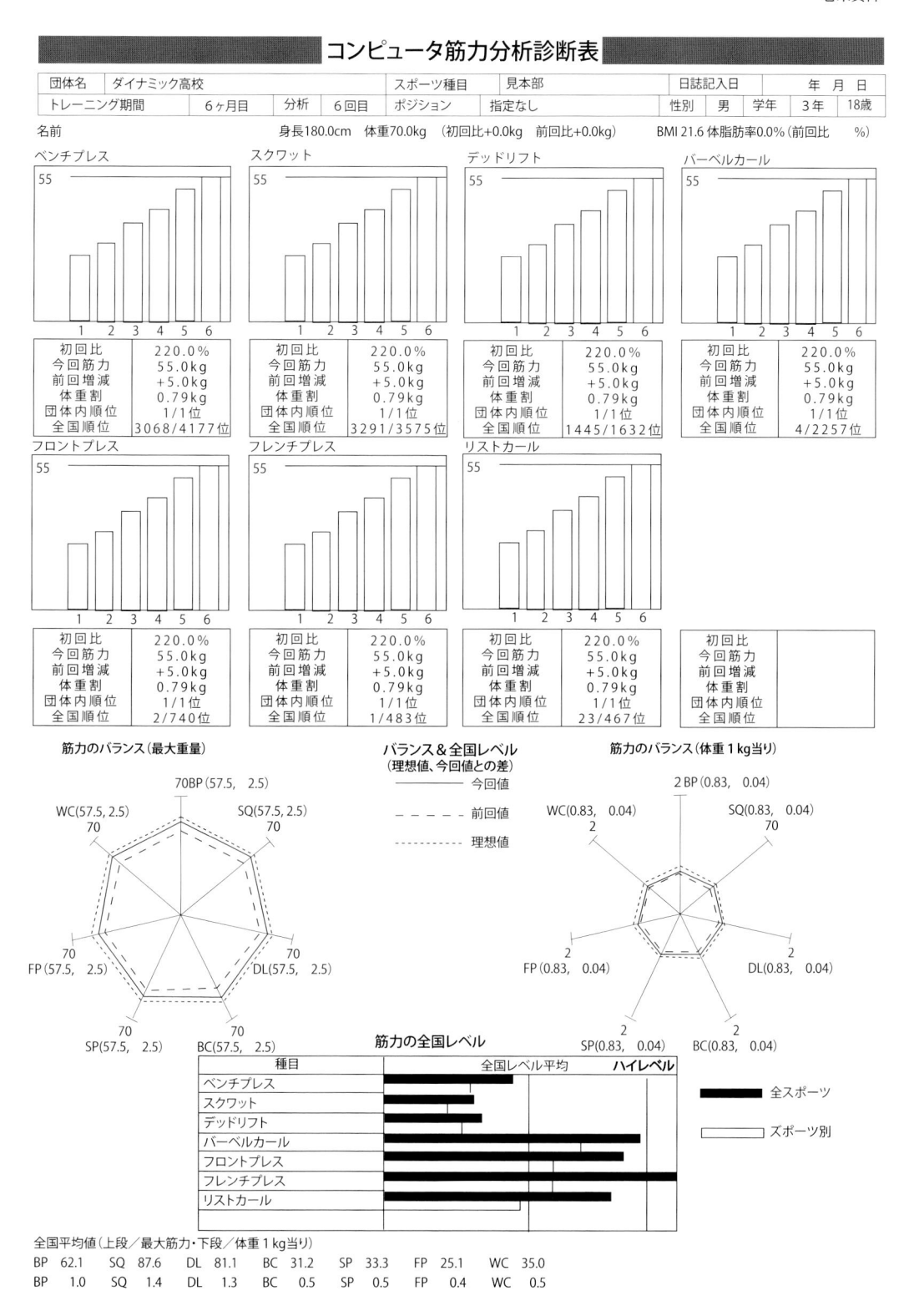

コンピュータ筋力分析診断表

団体名	ダイナミック高校			スポーツ種目	見本部	日誌記入日		年 月 日
トレーニング期間	6ヶ月目	分析	6回目	ポジション	指定なし	性別 男	学年 3年	18歳

名前　　　　　身長180.0cm　体重70.0kg　（初回比+0.0kg　前回比+0.0kg）　BMI 21.6 体脂肪率0.0%（前回比　　%）

ベンチプレス
初回比	220.0%
今回筋力	55.0kg
前回増減	+5.0kg
体重割	0.79kg
団体内順位	1/1位
全国順位	3068/4177位

スクワット
初回比	220.0%
今回筋力	55.0kg
前回増減	+5.0kg
体重割	0.79kg
団体内順位	1/1位
全国順位	3291/3575位

デッドリフト
初回比	220.0%
今回筋力	55.0kg
前回増減	+5.0kg
体重割	0.79kg
団体内順位	1/1位
全国順位	1445/1632位

バーベルカール
初回比	220.0%
今回筋力	55.0kg
前回増減	+5.0kg
体重割	0.79kg
団体内順位	1/1位
全国順位	4/2257位

フロントプレス
初回比	220.0%
今回筋力	55.0kg
前回増減	+5.0kg
体重割	0.79kg
団体内順位	1/1位
全国順位	2/740位

フレンチプレス
初回比	220.0%
今回筋力	55.0kg
前回増減	+5.0kg
体重割	0.79kg
団体内順位	1/1位
全国順位	1/483位

リストカール
初回比	220.0%
今回筋力	55.0kg
前回増減	+5.0kg
体重割	0.79kg
団体内順位	1/1位
全国順位	23/467位

筋力のバランス（最大重量）

70BP (57.5, 2.5)
WC(57.5, 2.5) 70
SQ(57.5, 2.5) 70
FP(57.5, 2.5) 70
DL(57.5, 2.5) 70
SP(57.5, 2.5) 70
BC(57.5, 2.5) 70

バランス＆全国レベル
（理想値、今回値との差）
── 今回値
− − − 前回値
⋯⋯⋯ 理想値

筋力のバランス（体重1kg当り）

2BP (0.83, 0.04)
WC(0.83, 0.04) 2
SQ(0.83, 0.04) 70
FP(0.83, 0.04) 2
DL(0.83, 0.04) 2
SP(0.83, 0.04) 2
BC(0.83, 0.04) 2

筋力の全国レベル

種目	全国レベル平均	ハイレベル
ベンチプレス		
スクワット		
デッドリフト		
バーベルカール		
フロントプレス		
フレンチプレス		
リストカール		

■ 全スポーツ　　□ スポーツ別

全国平均値（上段／最大筋力・下段／体重1kg当り）
BP 62.1　SQ 87.6　DL 81.1　BC 31.2　SP 33.3　FP 25.1　WC 35.0
BP 1.0　 SQ 1.4　 DL 1.3　 BC 0.5　 SP 0.5　 FP 0.4　 WC 0.5

コンピュータ筋力分析診断表

団体名	○○○高校			スポーツ種目	○○部		日誌記入日		年 月 日
トレーニング期間	10ヶ月目	分析	5回目	ポジション	○○○		性別	男	学年 ○年 ○歳

身長179.2cm 体重69.5kg （初回比+2.5kg 前回比+0.5kg） ① BMI 21.6 体脂肪率0.0%（前回比-11.4%）
名前

ベンチプレス

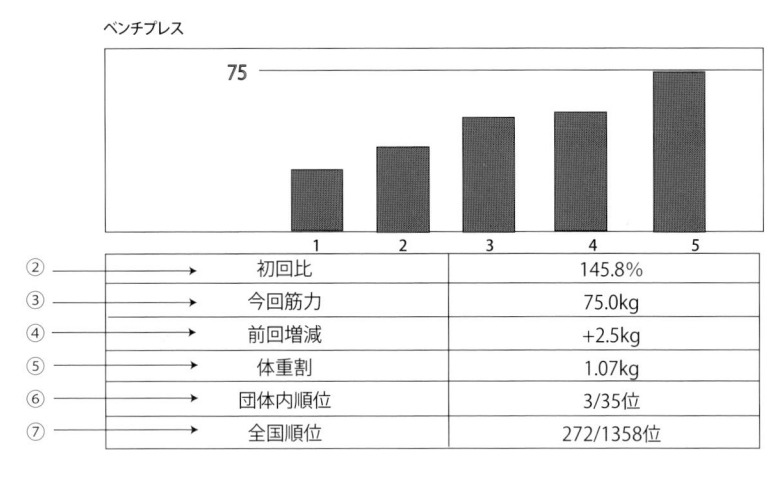

75

② →	初回比	145.8%
③ →	今回筋力	75.0kg
④ →	前回増減	+2.5kg
⑤ →	体重割	1.07kg
⑥ →	団体内順位	3/35位
⑦ →	全国順位	272/1358位

⑧バランス＆全国レベル

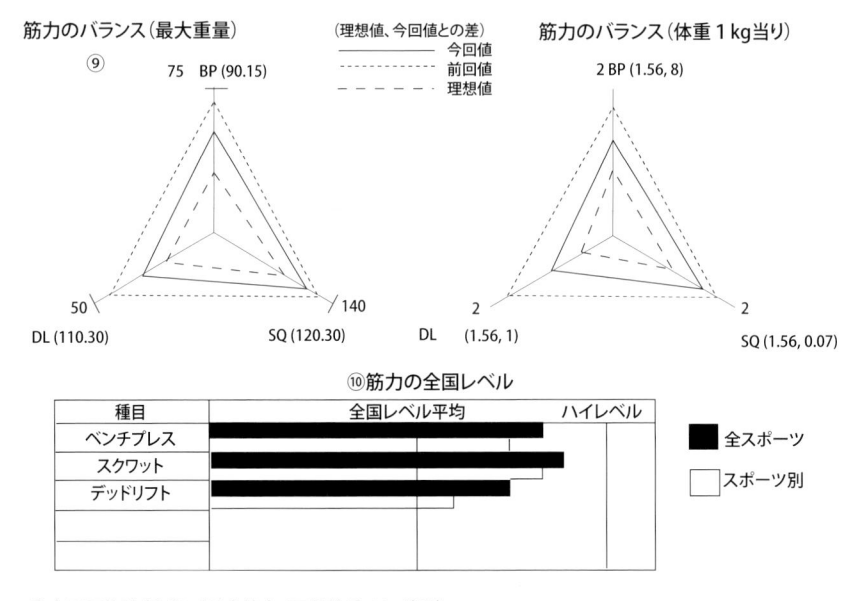

筋力のバランス（最大重量）　　（理想値、今回値との差）　　筋力のバランス（体重1kg当り）
⑨　　　　　　　　　　　　　　――― 今回値
75 BP (90.15)　　　　　　　　------ 前回値　　　　2 BP (1.56, 8)
　　　　　　　　　　　　　　－ － － 理想値

50　　　　　　140　　　　　　　　　　　　2　　　　　　2
DL (110.30)　　SQ (120.30)　　　　　DL (1.56, 1)　　SQ (1.56, 0.07)

⑩筋力の全国レベル

種目	全国レベル平均　　ハイレベル
ベンチプレス	
スクワット	
デッドリフト	

■ 全スポーツ
□ スポーツ別

⑪全国平均値（上段／最大筋力・下段体重1kg当り）

BP　58.1　　SQ　79.8　　DL　90.5
BP　 0.9　　SQ　 1.4　　DL　 1.4

巻末資料

① ＢＭＩ（Body Mass Index）

標準体重や肥満度を調べるための指数で、体重を身長の２乗で割り１０の4乗を掛けたもので判断します。男性の場合20～25、女性の場合19～24が正常範囲とされ、30以上を肥満としていますが、スポーツ選手の場合、種目で有利とされる体型が異なるためこの範囲に当てはまらないこともあります。

②初回比

初回に測定したデーターの比較割合で増減が％で記入してあります。

③ 今 回 筋 力

今まで我社が測定した数千名のデーターを用いて、最大筋力を算出して記入してあります。

④ 前 回 増 減

前回の測定時からの増減量をkgで表してあります。

⑤ 体 重 割

体重１kg当たり何kgの力を発揮（相対値）出来ているかが示してあります。選手の筋肉量や、除脂肪体重（ＬＢＷ）に相関があり、この数値が高いほど筋力的な分野から見た選手の動きの良さや鋭さに関係します。②をその選手の体重で割った数字が表してあります。

⑥ 団体内順位

チーム内の順位が記載してあります。例えば 3/35 であれば３５人中３位ということです。

⑦ 全国順位

当社が測定を行ったその年の団体すべてを対象として全国順位が表されています。

⑧ 筋力バランス（最大重量）（体重１kg当たり重量）

筋力のバランスを表すグラフで、今回測定した値を「今回値」前回測定した値を「前回値」今回測定後ベンチプレスの重量を基準として、本人の筋力バランスが取れた理想的な値を「理想値」として表してあります。これにより、バランスの悪い所（弱点）が解り、トレーニングを行う時にも目安となります。

⑨で表してあるのはアルファベットがトレーニング種目、その横にある（）内の数値は左側が「理想値」、右側が現在の重量と理想値への差が記されています。（）外の数値は設定上の最高重量です。

⑩ 筋力の全国レベル

我社が指導している全競技種目中による本人の筋力レベルが各種目別に表されています。グラフでの値は、上段の黒い線が我社が指導をしている全競技中での値、下段の白い線が本人の行っている種目での値が表されています。

⑪ 全国平均値（上段／最大筋力・下段／体重１kg当り）

⑧で表されてある全国平均値を数値で表してあります。上段が最大筋力での平均値、下段が体重１kgあたりの平均値が表してあります

　　　　　　　　ＢＰ→「ベンチプレス」　　　ＳＱ→「スクワット」　　　ＤＬ→「デットリフト」

125

第１段階ＴＲプログラム
スポーツ種目共通
目的＝正しいフォーム作り

学年(　　)年　　　名前(　　　　　　　)　　　　　　Ｈ　年　月

1　ベンチプレス　　　15kg×10回　　15～30kg×15回×3セット
　　（大胸筋）
◎　テンポ　　　　降ろすとき1,2,3　　上げるとき1,2
◎　呼吸方法　　　降ろすとき息を吸う。上げるとき息を吐く。

2　スクワット　　　　0kg×30回　　15～30kg×20回×3セット
　　（大腿四頭筋）
◎　テンポ　　　　しゃがむとき1,2,3　　立ち上がるとき1,2
◎　呼吸方法　　　しゃがむとき息を吸う。立ち上がるとき息を吐く。

3　デッドリフト　　　20kg×10回　　20～40kg×10回×3セット
　　（脊柱起立筋）
◎　テンポ　　　　上げるとき1,2　　降ろすとき1,2,3
◎　呼吸方法　　　上げるとき息を吐く。降ろすとき息を吸う。

4　シットアップ　　　0kg×10回　　60%プレートで調整（18～22RM)×3セット
　　（腹直筋）
◎　テンポ　　　　たおれるとき1,2,3　　起き上がるとき1,2
◎　呼吸方法　　　たおれるとき息を吸う。起き上がるとき息を吐く。

巻末資料

第2段階TRプログラム
スポーツ種目共通
目的＝筋力強化

学年(　　)年　　　名前(　　　　　　　)　　　　　H　年　月

1　ベンチプレス　　　50％×10回　60％×8回　70％(13～17RM)×3セット
　　（大胸筋）　　　　　　　　(　　)kg　　(　　)kg　　(　　)kg
◎　テンポ　　　　降ろすとき1,2,3　　上げるとき1,2
◎　呼吸方法　　　降ろすとき息を吸う。上げるとき息を吐く。

2　スクワット　　　　0kg×30回　50％×10回　60％(18～22RM)×3セット
　　（大腿四頭筋）　　　　　　　　　　　(　　)kg　　(　　)kg
◎　テンポ　　　　しゃがむとき1,2,3　　立ち上がるとき1,2
◎　呼吸方法　　　しゃがむとき息を吸う。立ち上がるとき息を吐く。

3　デッドリフト　　　50％×10回　60％(18～22RM)×3セット
　　（脊柱起立筋）
◎　テンポ　　　　上げるとき1,2　　降ろすとき1,2,3
◎　呼吸方法　　　上げるとき息を吐く。降ろすとき息を吸う。

4　シットアップ　　　0kg×15回　60％プレートで調整 (18～22RM)×3セット
　　（腹直筋）
◎　テンポ　　　　たおれるとき1,2,3　　起き上がるとき1,2
◎　呼吸方法　　　たおれるとき息を吸う。起き上がるとき息を吐く。

最大筋力	限界回数	実施上の判断回数
100％	1RM	1
90％	5RM	4～6
80％	10RM	8～12
70％	15RM	13～17
60％	20RM	18～22
50％	25RM	23～27
40％	30RM	28～32

◎各種ともプログラム上、本運動が限界回数まで行う本格的なトレーニングですその左側のセットはそこに至るまでのアップですのでセット間のインターバルは短めにして下さい。
◎本格的セット実施は、指定パーセントの繰り返し回数の範囲内となる様に、セットが進む事に使用重量を軽くして下さい。

アジリティートレーニング
インターバルセット法　第１段階

①20M ダッシュ×５〜10 セット
【主なねらい→前方向のパワー＆瞬発力】
ポイント１）全力疾走で各セットを行なう
　　　　２）頭が上下しないかチェックする
　　　　３）最初の１、２歩を特に力強く
　　　　４）慣れてきたらノックダウンポジションで実施

②20m バックラン×５〜10 セット
【主なねらい→①の反対動作による筋力のバランス】
ポイント１）全力疾走で各セットを行なう
　　　　２）まっすぐ走行しているかチェックする
　　　　　　曲がった方向の反対側の筋力が強い

③左右３．５m 幅コーンタッチ×５〜10 セット（１セットの回数 10 回）
【主なねらい→横方向の筋力と反転動作の俊敏性】
ポイント１）できるだけ素早く左右反転を行なう
　　　　２）反転でストッピングしたとき足が流れないように注意
　　　　　　（スクワットのしゃがむ動き）
　　　　３）慣れてきたらグランドタッチ（片手）で実施

④ホッピング×５〜10 セット（１セットの回数 10 回、約 20m）
【主なねらい→前上方向のパワーと脚筋、背筋の瞬発力】
ポイント１）前方ではなく、できるだけ高く跳ぶように意識する
　　　　２）着地したとき、音が出ないように膝をうまく使用して
　　　　　　衝撃を吸収する
　　　　　　プライオメトリクス効果と膝関節を痛めないように
　　　　３）跳んだとき体が反るように意識し、背筋を強く使用する
　　　　　　（リフトアップ動作）

⑤ハイニードリル×5〜10セット（1セットの回数20回）
【主なねらい→手足交互による敏捷性と位置の確認】
ポイント1）肘を腰の高さで90度曲げた状態で体側につけ、
　　　　　　手のひらを下に広げて構える
　　　　2）動作中も両手の感覚を20cm程度に開いたままにする
　　　　3）手を下げて膝を迎えにいかないようにチェックする
　　　　4）慣れないうちは1回1回正確な動作を行なう

⑥左右回転ジャンプ×5〜10セット（1セットの回数10回）
【主なねらい→着地バランスと空中姿勢の制御】
ポイント1）なるべく跳ぶときの足の位置と同じところに着地する
　　　　2）跳ぶ高さが低いと体の回転が速くなりやすいので、
　　　　　　なるべく高く跳ぶ
　　　　3）慣れないうちは半回転で行なっても良い

⑦つま先タッチ（左右交互）×5〜10セット（1セットの回数10回）
【主なねらい→体幹屈曲方向の敏捷性と腹筋強化】
ポイント　1）必ず1回行うたびに足を床につけ、万歳するように両手を
　　　　　　床につけるくらい伸ばす
　　　　2）からだの中間で、できるだけ手と足を伸ばした状態でタッ
　　　　　　チする
　　　　3）正確にできるだけ素早く行う

⑧サイドステップ×5〜10セット（1セットの回数20回）
【主なねらい→左右脚へ体重移動の敏捷性と足はこび】
ポイント　1）必ず40cm程度左右ステップの間隔をとる
　　　　2）極端に上に跳びはねないようにする
　　　　3）素早く行うのがベストだが、なれないうちは1回1回正確
　　　　　　に行う

⑨腕立てジャンプ×5〜10セット（1セットの回数10回）
【主なねらい→上半身下半身連携による敏捷性と筋力】
ポイント　1）なるべく高くジャンプし、着地の場合は衝撃を肘、肩で吸
　　　　　　収する
　　　　2）腕立て伏せでは、胸を床につけるようにする
　　　　3）素早く行うのがベストだが、中途半端な動作にならないよう、
　　　　　　1回1回正確に行う

身体の主要な筋肉（群） 正　面

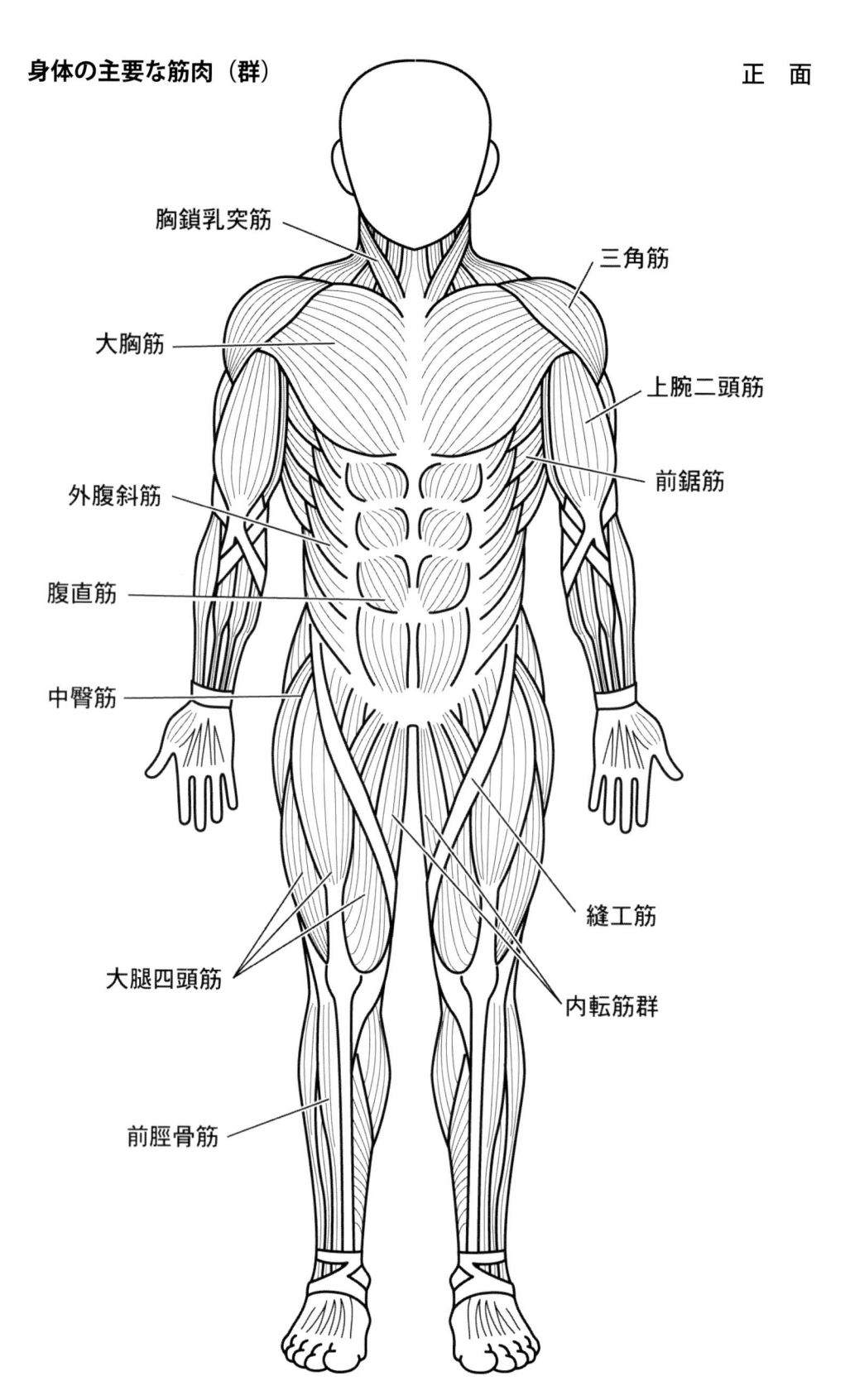

- 胸鎖乳突筋
- 三角筋
- 大胸筋
- 上腕二頭筋
- 前鋸筋
- 外腹斜筋
- 腹直筋
- 中臀筋
- 縫工筋
- 大腿四頭筋
- 内転筋群
- 前脛骨筋

巻末資料

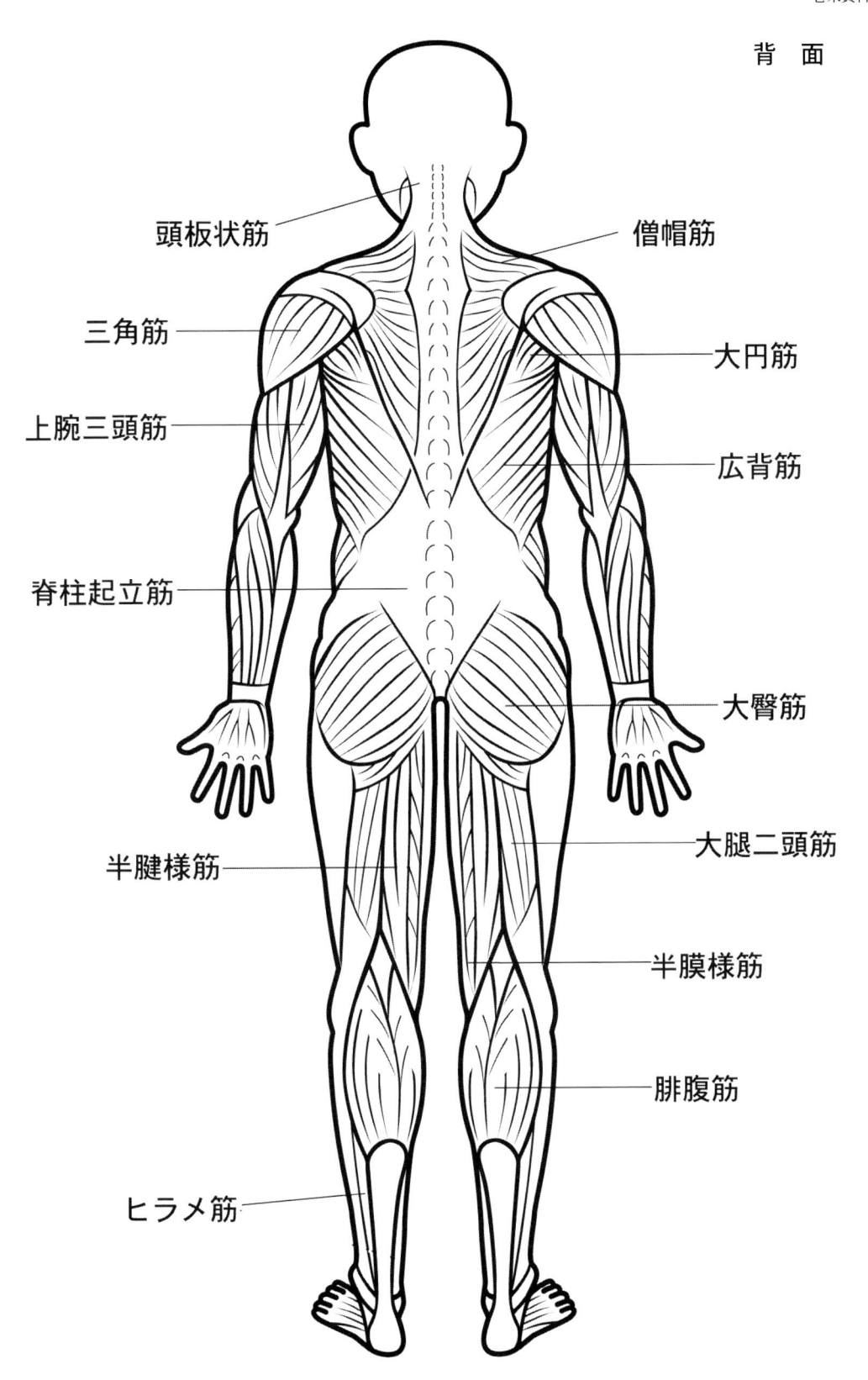

背　面

- 頭板状筋
- 三角筋
- 上腕三頭筋
- 脊柱起立筋
- 半腱様筋
- ヒラメ筋

- 僧帽筋
- 大円筋
- 広背筋
- 大臀筋
- 大腿二頭筋
- 半膜様筋
- 腓腹筋

○著者紹介

○ 古川和正・フルカワ カズマサ

1955年1月9日生まれ 山口県在住
日本体育協会公認 フィットネストレーナー (旧スポーツプログラマー2種)
厚生労働省関連 健康運動指導士
(社) 日本ボディビル連盟公認1級指導員
21世紀 筋力トレーニングアカデミー 代表
(株) ダイナミックコーポレーション代表取締役

　学生時代に虚弱体質だったことから筋力トレーニング (ボディビルの真似事) をはじめ、32歳のときに筋力トレーニングジム (ボディビル、スポーツ強化、健康増進) を開設。その後、社会人野球やサッカーチームの筋力トレーニング指導を行い、平成4年に (株) ダイナミックコーポレーションを設立。特殊筋力測定装置や動作解析で実証するスポーツ選手の段階的筋力トレーニングを、いち早くトレーニング現場に導入し、現在、会社として全国80団体以上のスポーツチームを指導している。その中には、プロスポーツやオリンピックで活躍するまでとなった選手が数多くいる。趣味はテレビゲームで、最新バージョンより化石的な旧作を安く手に入れ興じている・・・とか。座右の銘は「草莽崛起」、好きな言葉は「何事も必ず原因がある!」

○ 中島克彦・ナカジマ カツヒコ

1955年4月18日生まれ 神奈川県在住
新潟県出身 日本大学 文理学部体育学科卒
(社) 日本ボディビル連盟 公認指導員
21世紀 筋力トレーニングアカデミー メンバー

　大手のフィットネスクラブ企画担当として長年勤務した後、医療関係勤務などを経て現職。現在、スポーツ選手の筋力トレーニング指導 (約800名) にあたる傍ら、新しいトレーニング理論と健康筋力運動の研究企画も行なっている。自らも実践した、陸上競技で得た感触を、日々現場で伝えることに全力を尽くす熱い男。「わかる」を創造するための工夫を常に考えている男でもある。

○ 岩脇圭太・イワワキ ケイタ

1969年2月10日生まれ 山口県在住
日本体育協会公認 フィットネストレーナー (旧スポーツプログラマー2種)
(社) 日本ボディビル連盟 公認指導員
21世紀 筋力トレーニングアカデミー メンバー
(有) アドバンス 代表取締役社長

　体格的に痩せていたことから筋力トレーニングを行なう。自治体の外郭団体勤務の傍ら、自らも筋力トレーニングを実践しスポーツ選手の筋力トレーニング指導も行う。平成10年にスポーツ選手の筋力トレーニング指導会社 (有) アドバンスを設立し代表取締役に就任。独特の筋力分析ソフトを作成し、現在50団体以上 (約3,000人) のスポーツチームを会社として指導している。今まで指導した選手の中には、WBCやプロスポーツで活躍している選手が数多くいる。「筋力トレーニングのトレーナーは実技や経験が必要不可欠な条件」というのが口癖の実践論者。空手道有段者。座右の銘は「継続は力なり」

○ 斉藤誠・サイトウ マコト

1976年5月4日生まれ 宮城県在住
厚生労働省関連 健康運動指導士
(社)日本ボディビル連盟 公認指導員
21世紀 筋力トレーニングアカデミー メンバー

　少年期よりサッカーを始め高校時代にインターハイに出場し、社会人になってからリーグ得点王の実績がある現役のスポーツ選手。スポーツ全般と健康運動などの企画運営と指導を行なう会社を経営し、東日本、関東地区でストレングスコーチとしても活躍している。サッカーなどスポーツの実技も行なえるトレーニング指導員として数多くのチームの全国大会出場や優勝をサポートしている。情熱的な指導で指導中はとても厳しいが、その後は生徒の良き兄貴分として悩み相談などを受けているのも魅力の一つとか。大の負けず嫌いでもある。趣味は意外にもテレビゲームで、自らも認める程のゲーマー。

○佐瀬幸司・サセ コウジ

1969年12月30日生まれ 東京都在住
国士舘大学 体育学部体育学科卒
厚生労働省関連 健康運動指導士
(社)日本ボディビル連盟 公認指導員
21世紀 筋力トレーニングアカデミー メンバー

　大学卒業後、東京都内の公共体育施設トレーニング指導員を経て現職となる。学生時代は陸上競技(やり投げ)の選手として数度の優勝を経験し、筋力トレーニングの重要性を肌で感じ取ったトレーナーでもある。得意の3次元動作解析を駆使しスポーツ選手の動きを科学的に調査して、実証的に筋力トレーニングと結びつけた指導を行なう。また、大学院生の研究論文を手伝う傍ら、自らもトレーニングを行なう実践者の側面も併せ持つ理論派。何人かでトレーニングの話しを行なうと朝までビールを片手に熱弁をふるう面もみせる。本人の研究テーマ：機能解剖学を柱とした筋力トレーニング指導方法論の確立。

○石田億之・イシダ ヤスユキ

1976年9月25日生まれ 岐阜県在住
21世紀 筋力トレーニングアカデミー メンバー

　自治体の外郭団体(財団法人)でスポーツ指導員を経て(有)アドバンスに入社し、その後、スポーツ選手や中高年齢者の健康運動の為の筋力測定や分析、動作解析などを行なう会社を設立し代表取締役に就任した。学生時代は高校野球部キャプテンとして活躍したスポーツマンでもあり、スポーツ万能の才能を有している。測定業務の傍ら、筋力トレーニングの指導も行なっており、指導の特徴は熱の入った積極的な言葉で選手を導き選手を肉体的にも精神的にも鍛えあげる情熱家。彼の指導した選手でプロスポーツ選手となった者も多くいる。飽くなき勝利への欲求と向上心を併せ持つ。

○著者・著者協力

○来栖正三・クルスショウゾウ
1955年1月10日生まれ山口県在住
厚生労働省関連資格 ヘルスケアリーダー
(社)日本ボディビル連盟公認1級指導員
21世紀筋力トレーニングアカデミー 主席メンバー

　学生時代は柔道の選手として活躍し、その後、フィットネスセンターのチーフトレーナーとなる。独特の筋力トレーニング理論を展開し、社会人野球、プロゴルフ選手、マラソンランナー、自転車競技選手など多くのスポーツ選手の筋力トレーニングと筋力測定&分析(10万人以上)を担当し、強化に導く。ボディビルやパワーリフティングなど本格的なウエイト競技も経験し、トレーニング理論だけでなく、実践も行なってきた本格派。特にパワーリフティングでは全国レベルの大会で準優勝している。「日本人選手ほど筋力トレーニングを」という言葉を口癖にしている。

○末永陽央・スエナガタカオ
1980年1月29日生まれ
大阪体育大学体育学部体育学科卒業
取得資格 健康運動指導士
(社)ボディビル連盟 公認指導員

　高校時代は、バドミントンで全国大会に出場し、大学時代は、アメリカンフットボール競技をしていたマルチアスリート。聞くところによると選手時代は、運動センス&高い身体能力を兼ね揃えて競技に挑んでいたとか。著書の中ではモデルをつとめており、様々な種目のフォームの正確さは写真に現れているが、事実、トレーニング実技能力も高く、選手やチームに対し分かりやすい指導と優しさを底辺に、日々実務を行なっている。また、担当する選手の成長を無常の喜びとしているとか。

○藤井智己・フジイトモミ
1984年4月15日生まれ岐阜県在住
福岡医健専門学校スポーツ科学科卒
厚生労働省関連 健康運動実践指導者
(社)日本ボディビル連盟公認指導員

　陸上競技、走り高跳びをやっていたことから、選手への指導は、自分がやって見せる、熱い指導を行なう(跳躍力は、車をも跳び越えるという噂も…)。トレーニングの伸びる楽しさや、自分でやった感覚をつかんでほしいと考えており、選手に強く伝わるような話をしている。本人自身もトレーニングで得るものの大きさを強く感じており、「やれば変わる」ということを、日々自身のトレーニングでも実感している。全国大会に出場するチームを多く担当していることからも分かるように、高い実績を持ちながら、それに満足する事無く、さらに高みを目指し、日々指導に当たっている。

○丹野道雄・タンノミチオ
1984年1月31日生まれ 埼玉県在住
東京リゾート＆スポーツ専門学校卒業
NSCA － CPT
厚生労働省関連 健康運動実践指導者
(社)日本ボディビル連盟 公認指導員

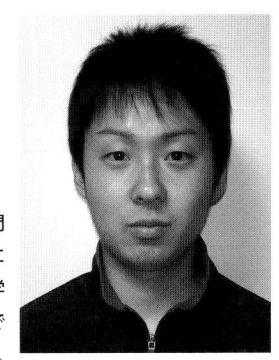

　少年時代から、色々なスポーツに触れ、小学校時代はサッカー、中学、高校と野球を専門でやっていた。以前、ボーイズリーグ(中学硬式野球)のコーチを務め、その頃から選手に対してのコーチングも学び考えている。また、本人の短距離走の速さが際立っていて、中学時代は100m走で、地区優勝。高校でも50m走の記録で、5.8秒を叩き出した「超俊足」である。競技選手への指導では、細部にまでこだわり、相手を上手くモチベートする指導を行う。ストレングスだけでなく、コンディショニングにも精通しており、年齢以上の知識と、落ち着いた指導力を持っている。

○林　龍一・ハヤシリュウイチ
1975年7月19日生まれ 長崎県在住
鹿屋体育大学体育学部体育・スポーツ課程卒業
(社)日本ボディビル連盟公認指導員
競技実績 陸上競技 800m

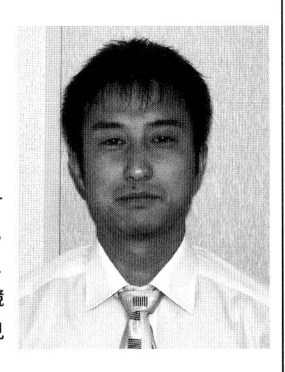

　「大学時代スーパー陸上で世界記録保持者と同じレースを走り撃沈。その大会でもらったカールルイスのサインが宝物」と言う、トップレベルで競技をやり続けた、アスリートトレーナー。競技者の感覚や、トレーニングの感覚、この競技にはどのようなトレーニングが必要か？など、競技者、トレーナー、両方からの視点を持って常に指導を行なっている。トップレベルの競技実績を持ちながら、決して満足することなく、高い理想を求める。また、物事の本質を見抜く鋭い観点を持ち、より高い質を求める様子がうかがえる。

○日下　行・クサカコウ
1971年11月15日生まれ 宮城県在住
青森大学 社会学部社会学科卒

　高校、大学、社会人と野球を経験し、現在もクラブチームでプレーヤーとして活躍している。筋力トレーニングによって強靭な肉体を獲得した「鉄人」である。鍛え上げられた身体でのダイナミックな動き、プレーのスケールの大きさなど、競技者としての魅力も。すすんで自らトレーニングを行い、競技に活かせるトレーニングを常に考えている実践派である。
また、顔は怖いが心は優しい兄貴分として選手に慕われているのも、彼の人情味あふれる温かい性格所以である。サウナや銭湯が大好きで、交代浴をかねて、サウナと水風呂を5セットくらい行なっているとか。

スポーツトレーナーが指導している　これが正しい筋力トレーニングだ！

2008年5月20日　第3版発行
著　者　21世紀筋力トレーニングアカデミー
発行者　橋本雄一
発行所　（株）体育とスポーツ出版社
　　　　〒101-0054　東京都千代田区神田錦町2-9　大新ビル4F
　　　　電話03-3291-0911　FAX03-3293-7750
　　　　E-Mail:eigyobu@taiiku-sports.co.jp
印刷所　図書印刷
©2008　DYNAMIC Inc. Printed in Japan
落丁・乱丁は弊社にてお取り替え致します
ISBN978-4-88458-205-0　C3075　¥1429E